Whole Food, Whole Health, and Whole Living

陳月卿 全食物養生法

每天清除癌細胞

〔推薦序〕創造「真健康」的幸福人生　嚴長壽 —————— 006

　　　　吃好食物，守護健康　張淑芬 ————————— 008

　　　　啟動飲食新革命　蕭寧馨 ——————————— 010

　　　　全食物是愛的養生法　田馥甄（Hebe）————— 012

〔自　序〕用食物為自己做化療　陳月卿 ——————— 014

Part1　全食物，一切健康的答案

▶▶▶ 醫生說，這是一個奇蹟 —————————————— 020

▶▶▶ 誰說生理時鐘不能倒轉？ ————————————— 024

▶▶▶ 想要不生病，先顧免疫力 ————————————— 028

▶▶▶ 我們的體內都有不老仙丹 ————————————— 032

▶▶▶ 吃錯了，細胞就發炎 —————————————— 036

▶▶▶ 別讓身體染上了糖癮 —————————————— 040

▶▶▶ 少肉多素，才是真健康 ————————————— 044

▶▶▶ 你吃的是健康素嗎？ —————————————— 048

▶▶▶ 飲食的品質，決定孩子的未來 ——————————— 052

▶▶▶ 全穀類就是最好的全食物 ————————————— 056

▶▶▶ 蔬果打造的彩虹防護罩 —————————————— 060

▶▶▶ 連皮帶籽打成汁，吃進營養最大值 ————————— 064

▶▶▶ 體內的環保大師——膳食纖維 ——————————— 070

▶▶▶ 你的飲食金字塔是正三角嗎？ ——————————— 074

▶▶▶ 寒熱平衡，滋養每一天 —————————————— 078

▶▶▶ 自然有機，才能吃出生機 ———————————— 082

▶▶▶ 聰明清洗和備料，保留營養本色 —————————— 088

▶▶▶ 選對工具和用法，健康好簡單 ——————————— 094

Part2 對症健康吃，營養得滿分

癌症 104

化療 110

健康見證人 走過大腸癌，重獲新生 ————————————— 114

癌症健康吃 ——————————————————————— 118

◆翡翠銀耳羹　◆燕麥穀奶　◆五穀鹹粥　◆青花椰苗精力湯
◆紫薯豆漿　◆諾麗果精力湯　◆青花椰濃湯

化療健康吃 ——————————————————————— 130

◆百合薏仁奶漿　◆藍莓優格精力湯　◆香椿醬
◆翡翠銀耳燕窩　◆黑芝麻糊　◆玄米濃湯

三高（高血壓、高血糖、高血脂） 140

健康見證人 用心飲食，擺脫三高陰影 ————————————— 146
　　　　　　意外的苦難帶來健康的開始 ————————————— 150
　　　　　　糖尿病患的精力湯藥方 ——————————————— 154

高血脂健康吃 —————————————————————— 158

◆銀耳薏仁蓮子鹹湯　◆香芹亞麻仁籽精力湯　◆熱亞麻可可
◆米饅頭　◆紫蘇梅石蓮花凍　◆薏仁核桃豆漿　◆洋蔥番茄湯

高血壓健康吃 —————————————————— 170

◆火龍果優格　◆牛蒡濃湯　◆葡萄柚精力湯
◆茄汁燉飯　◆香蕉精力湯　◆西瓜薑汁

高血糖健康吃 —————————————————— 180

◆芭樂精力湯　◆南瓜腰果漿　◆桂圓養生粥
◆鳳梨苦瓜汁　◆甜椒淋醬　◆番茄精力湯

胃病 192

胃病健康吃 —————————————————— 198

◆羅宋粥　◆酪梨精力湯　◆南瓜蒸蛋　◆芋頭糕
◆番薯南瓜奶漿　◆田園濃湯

肝病 208

肝病健康吃 —————————————————— 214

◆葡萄藍莓精力湯　◆小麥草精力湯　◆黑豆山楂枸杞飲
◆山藥薏仁奶漿　◆洛神桑椹蜜　◆鮮奶豆漿

腎臟病 226

腎臟病健康吃 —————————————————— 230

◆蓮藕黃豆漿　◆冬瓜木耳濃湯　◆綜合莓果凍
◆黑糖粉圓　◆燕麥糕

過敏 238

健康見證人 水果精力湯，喚回好膚質 —————————— 244

過敏健康吃 —————————————————— 250

◆秋涼補氣燉梨飲　◆金棗醬　◆杏仁奶酪
◆薏仁蓮子羹　◆高C精力湯

感冒 258

感冒健康吃 ——————————————— 264
◆紫蘇梅番茄汁　◆柳丁果蜜　◆南瓜洋蔥濃湯
◆芒果布丁　◆綠色奇蹟

女性保健 272

女性健康吃 ——————————————— 280
◆紅葡萄蔓越莓汁　◆紅棗黑豆漿　◆桑椹果粒醬
◆蓮香奶露　◆養生芝麻豆腐　◆山藥黃豆漿

減重、美白 292

減重、美白健康吃 ———————————— 298
◆櫻桃鳳梨汁　◆活力精力湯　◆銀耳燕窩
◆冬瓜海帶湯　◆莎莎醬

嬰幼兒成長 308

嬰幼兒健康吃 —————————————— 313
◆香蕉泥　◆菠菜泥　◆莧菜銀魚糙米粥
◆甘薯紅蘿蔔泥　◆豌豆洋蔥豆腐泥

〔結語〕改變，就有希望！ —————————— 320

創造「真健康」的幸福人生

隨著高齡化社會來臨，保持健康的身體，
是每個人對自己、對家人以及對社會負責任的表現，
讓我們跟著月卿嫂的腳步，
吃對食物、吃真食物、吃全食物，創造「真健康」的幸福人生！

亞都麗緻總裁 嚴長壽

月卿嫂與蘇起兄是一對令人稱羨的夫妻，除了平常朋友聚會時總是看到他們出雙入對、十指緊扣的恩愛模樣，月卿嫂對蘇起兄的關愛與溫情，更已成舉世皆知的透明資訊。

為了照顧先生，月卿嫂可以想盡各種方式上山下海，為了對一人之愛啟發了生機飲食的探索之旅，也因為如此，蘇起兄的病情得以奇蹟式地恢復，歷經十多年而未復發，甚至比以前還要健康。後來月卿嫂更將這份對一人之愛擴及大眾，轉化為更寬廣的分享，這種精神令人佩服。

當側面聽到我動腎臟手術的消息後，月卿嫂不但主動關懷，並給予指導，但是我必須坦白招認我真的不是個好學生，雖然稍有努力，至今仍

無法百分之百的力行。但我也確信月卿嫂從國內橫跨國際所研究、推廣的全食物養生法，為讀者創造了快速學習的捷徑，相信一定對許多有健康困擾的朋友有很大的助益。

　　隨著高齡化社會的來臨，保持健康的身體，是每個人必須對自己、對家人以及對社會負責任的表現，如何健康終老將是每個人一生重要的課題。「你的食物就是你的良藥。」讓我們跟著月卿嫂的腳步，藉由吃對食物、吃真食物、吃全食物，創造一個「真健康」的幸福人生！

吃好食物，守護健康

既然食物與身心健康息息相關，不僅僅是用以解飢與滿足口腹之欲，
我們的確值得從愛自己與愛家人的心情出發，花點時間與心思，
讓入口的好食物不只是用來填飽肚子，也守護健康。

台積電文教基金會董事　張淑芬

　　我開始接觸精力湯，是這幾年的事。最初是因為心疼外子每天要思考、處理密密麻麻的公事，十分耗神；為了他的健康著想，我花了一些時間與巧思，思考怎樣從我們每天吃的食物著手，做些改變，讓食物在傳遞美味之餘，也守護著健康。因此，即便平常吃得簡單，我也謹慎挑選食材，不再像年輕時一般，吃得粗率、毫不忌口。

　　在認識、了解與精心調配食物的過程中，我發現到，現在的食物不比以前，稍一不留神，許多農藥、不明添加物，甚至是無所不在的環境荷爾蒙，都會經由食物被人吃下肚。我很難想像這些化學成分一旦進入了人體，會對我們的健康帶來多大的負擔。正因為如此，我對於飲食更是慎重其事。

　　每當被問起要怎樣為健康的身體與生活把關時，我總會回到「自然、快樂」的心念上，分享自己的經驗：「吃天然的食物、保持愉悅的心

情。」而且兩者可以相輔相成。其實，吃天然的食物不難，不過就是回歸最原始的飲食方式，也就是用心去品嚐「食物本身」，特別是鼓勵大家攝取當季、當地、無人工添加物的天然食材最好。如果要有效率地一起食用多樣的天然食物，將所有食材放在一起打成精力湯，則不失為一個有效的方式。

因為我們一天所需的營養很多元，要吃得均衡、面面俱到，對許多忙碌到無暇好好吃頓飯的人來說，實行起來的確有點難度。但是，一杯簡單的精力湯，不但營養完整豐富，又能確保攝取到平時容易略而不食的果皮、種籽等食物部位，就真的是名符其實地吃下了「食物本身」所有的營養。

為了在一天中最美好的早晨時刻，有健康的食物與愉悅的心情揭開一天序幕，我每天都為自己與外子打杯精力湯。在一次偶然的機緣中得知，陳月卿女士也是從著手打精力湯開始，慢慢研究、發展出「全食物」的概念，這與我因主張「吃天然食物」而發現精力湯是個守護健康的好方法，有異曲同工之處。是這樣的因緣讓我為這本書寫了這篇序。

陳月卿女士在這本書中不僅談論全食物養生法的特色和運用，也深入解析許多現代人錯誤的飲食習慣；她針對現今常見的感冒、過敏、三高症候群與癌症等患者，精心設計了各式適合的餐點或精力湯，讓大家能藉由好食物的力量來擊垮壞細胞，以調養身體、預防疾病。我想這對許多讀者而言，應是十分受用。

在閱讀完本書之後，我更相信食物對身體健康的影響力不容小覷。既然食物與我們的心情和身體健康息息相關，不僅僅是用來解飢與滿足口腹之欲而已，那麼我們的確是值得從愛自己與愛家人的心情出發，花點時間與心思，讓入口的好食物不只是用來填飽肚子，也守護健康。

啟動飲食新革命

各種慢性疾病多數導因於自體細胞的長期受傷，以至於體內組織傷痕累累。
真正的健康保養必須深入體內，全面進入基因與細胞，
這本書將引導你順暢地啟動飲食革命，祝福您有一個健康重生的機會！

台大生化科技系營養學教授‧衛生署食品安全與營養諮議委員 蕭寧馨

保健原理與生活應用之間通常存有巨大的落差。許多人都有均衡飲食的觀念，但是日常生活中能夠落實者卻不多。月卿女士因為自己與家人深受病苦，決心成為健康的開拓者，終於發現保健飲食的新大陸，重新開創優質的生命。她從不吝於分享經驗和心得，在新書中發揮了訪問報導的專才，將冷硬的科學新知化為平易的解說。她也像美國傳奇名廚茉莉亞‧柴爾德一樣，每道食譜都在生活中親自應用實證，足以確保成功可行。這本書可以引導後來者邁向健康之路。

書中先以醫學和保健的新知識為綱，輔以個人生活經歷，針對當今國人的健康危機，詳細說明飲食保健的原理；然後針對各重要生理機能，提供豐富的食譜，還有專為女性不同生命期與嬰幼兒飲食設計的專章，顯現出作者對婦幼的貼心關懷。本書食譜以植物性食材為主，強調全穀類、堅果種籽、蔬菜和水

果，這與衛生署新訂的飲食指南與指標中建議「全穀雜糧當主食，多用原態食物少精製」的原則完全一致。

　　自己從事營養研究，少有機會接觸大眾；雖然明白也教導飲食原則，但不保證以身作則。我認識月卿女士三年多來，逐漸了解她長期勤奮於收集食物、營養、醫學生理、農業種植等多方面的知識，不厭其煩地查證，理解後並以身試法，再靈活創新；這個學習與試驗的歷程與學者從事研究並無兩樣。促進健康需要知識與實踐相輔相成，能夠知行合一、學以致用，作為實踐者的楷模，月卿女士更勝我一籌。她與我一樣是職業婦女，卻願意為先生兒女的健康付出下廚的時間，提醒我廚職非小事，不宜偏廢，以免遺憾。

　　西醫之父希波克拉底說，「智者以健康為人生至福。」（A wise man should consider that health is the greatest of human blessings.）國人生活的經濟水準提高，壽命增長，醫療負擔也步步高升，但是健康水準卻不成比例。國人不僅難以免除十大死因的恐懼，日常生活中還有許多沒有列入死因的病痛，諸如過敏、異位性皮膚炎、莫名的疲倦虛弱、經常的感冒腸炎疼痛等。大家共通的經驗是等待醫生診斷出病因再尋求對策，屆時已經折騰許久了。原來診斷病因的策略通常不是正向法，根據症狀而直截了當地下結論；相反地，醫療上常用的是排除法，刪去一個又一個不可能的原因，不免落入頭痛醫頭、腳痛醫腳的困境。

　　俗話說，「知己知彼，百戰百勝。」今日的健康大敵不是來自體外，各種慢性疾病多數導因於自體細胞的長期受傷，以至於體內組織傷痕累累。因此真正的健康保養必須深入體內，全面進入基因與細胞，才是根本之道。月卿女士的新書可以引導你順暢地啟動飲食革命。祝福您有一個健康重生的機會！

全食物是愛的養生法

自從接觸全食物養生法，
現在只要早晨喝一大杯充滿各式蔬果、堅果及酵素打成的精力湯，
就可以將瓶瓶罐罐的維他命全丟進垃圾桶，
也可以避免讓身體還要花力氣去分解那些濃縮化學藥錠。

名歌手 **田馥甄**（Hebe）

因為媽媽的愛，也因為太愛媽媽了，所以認識、也同時跟著實行了月卿姊的全食物精力湯養生法。

我是個幸福的孩子，從小就被爸媽灌溉滿滿的愛。雖然家裡並不富裕，又是單薪家庭，常要省吃儉用，但只要是對我好的，無論是身體照料或對心靈成長有幫助的任何事物，爸媽總會盡全力給予。學習各種才藝、補習；精神上的鼓勵、向前衝的後盾；當然，還有適時的規範與充滿關心的碎碎唸，以及所有他們認為對身體有益的健康食物、資訊，和滿滿的愛愛愛愛愛……

接收到這樣的愛，很自然地，自己也會很深、很深地愛著父母、需要著他們，更想要孝順、努力回饋。但因為高中畢業後就隻身到台北工作，也相當幸運地整個紅了起來（不！要謙虛！更正：是小有名氣，哈哈），忙碌的工作、顛倒的作息、瘋狂的飛行，長期處於這樣的工作行程中，都自顧不暇了，更別說要陪伴、孝順父母了。我想，如果不能時常待在他們身邊，但至少要做到不

讓他們擔心；好好愛自己，就等於是幫爸媽呵護他們最重要的寶貝。他們也運動、養生，說要努力維持健康的身體，才能分享我工作的成就、享受我要給他們的幸福。

因為想要相愛很久很久，所以我們一起努力養生，互相交換保健資訊。月卿姊的第一本著作《全食物密碼》，就是媽媽送我的。她自己看了書、和爸爸實踐之後，覺得效果很不錯，於是推薦給我。三餐幾乎都是外食的我，很容易營養不均衡。以前，我會猛塞各種維他命求心安，但自從接觸全食物養生法之後，現在只要早晨喝一大杯充滿各式蔬果、堅果，以及酵素打成的精力湯，就可以將飲食不均衡時要吞下的瓶瓶罐罐維他命全丟進垃圾桶，同時也可以避免讓身體還要花力氣去分解那些濃縮化學藥錠。

我喝精力湯最明顯的效果，就是從小飽受便秘困擾的狀況獲得了改善，現在經常是喝到一半就得去解放身體裡的毒素、廢物了。一日之計在於晨，只要一天的開始，堆積在直腸裡的穢物獲得了解放，我整個人就身輕如燕，愉快得不得了。每天早晨一杯精力湯，再搭配一碗大燕麥，這樣高膳食纖維的早餐讓我輕鬆維持身材，也讓我的便秘及遺傳性高膽固醇獲得了改善。

在月卿姊提倡的全食物概念中，蔬果的皮、梗、果肉、籽等，都是人體需要而有益的營養素。這個想法也讓我聯想到，人生好像也是如此，不管什麼樣的遭遇，我們都要全盤接受、勇敢面對，人生才會完整。

真的很開心能受月卿姊之邀，跟大家分享我喝精力湯的經驗和心得。我想，我真的得收筆了。這本書的內容都是月卿姊花了很多努力和心思，為大家的健康整理出來的專業資訊，我再講下去，就真的是在關公面前耍大刀了！最後，我要邀請大家跟我一起為月卿姊的用心與愛心掌聲鼓勵！本書版稅將全額捐贈給癌症關懷基金會，讓我們在閱讀這部寶典養生的同時，也能幫助需要幫助的人，既養生，也養心！

〔自序〕

用食物為自己做化療

我的祕密武器就是用黃豆、荷蘭芹、葡萄、莓類、番茄、
花椰菜、紅蘿蔔、南瓜、全穀類、堅果這些自然界的平凡靈芝草,
混合打成全食物精力湯,讓它們發揮「協同作用」。
這就是我認為的「用食物為自己做化療」,
是最健康、最自然、也最便宜的「全食物雞尾酒療法」。

陳月卿

我們能藉著飲食餓死癌細胞嗎?

過去,許多人的答案是「笑話!」「怎麼可能?!」但是,現在越來越多
科學家認為可能,並且呼籲大眾採取行動。

今年二月,美國血管新生基金會共同創始人、同時也是癌症研究專家李
威廉(William W. Li, M.D.)(註1)受邀在知名的TED講堂發表演說時指出:
「無論是哪一種癌症,都以血管新生為重要特徵,若沒有血液供給,原初的腫
瘤頂多長成半立方毫米大小。」那麼,除了各種抗血管新生的標靶藥物之外,
在飲食中加入能抗血管新生的食物,是否就能刺激體內的防禦系統反擊餵養癌
細胞的血管?也就是,「我們能藉著吃來餓死癌細胞嗎?」

李威廉堅定地說:「是的!因為大地之母早已遺留下大量能夠自然抑制血
管新生的食物、飲料和藥物。……實驗測試能夠抑制血管新生的藥物,並比較
某些食物跟這些藥物對血管新生的效果,我們發現某些食物的效果甚至比藥物

好，如黃豆、荷蘭芹、大蒜、葡萄、莓類和番茄；也有一些證據顯示，這樣的飲食能減少大約一半的罹癌機率。」

因此，李威廉在演講最後呼籲：「重視我們的飲食，因為食物本身就是我們一日三次的化療。」

那天，當我聽完這場精采的演說，忍不住熱淚盈眶，擊掌叫好。我終於找到一個知音，看到清楚的科學根據，可以更大聲、更堅定地推廣我的「用營養抗癌」計畫。過去十幾年來，我一直運用這樣的飲食來協助我先生避免癌症復發，而我自己也從一個「藥罐子」變成「健康達人」，還在四十歲高齡先後生下一對兒女。我知道，我做的是對的！

我的祕密武器就是用黃豆、荷蘭芹、葡萄、莓類、番茄、花椰菜、紅蘿蔔、南瓜、全穀類、堅果這些自然界的平凡靈芝草，混合打成全食物精力湯，讓它們發揮「協同作用」。這就是我認為的「用食物為自己做化療」，是最健康、最自然、也最便宜的「全食物雞尾酒療法」。

李威廉也在演講中提到食物的「協同效果」，發現兩種單獨使用時效果不高的茶，混合後的效果比各自單獨使用來得高；許多頂尖的癌症專家也有同樣的結論。由於營養免疫學的各種發現，這些專家開始在癌症療程中加入營養豐富的食材，但是他們發現，單一植物性食物的抗癌功效並無法帶來理想的治療結果，不同種類的植物營養素似乎必須發揮協同作用，相互配合運作，才能產生最佳功效。因此，他們建議，均衡多元地攝取有益健康的全食物，以發揮綜效，才是提升免疫力對抗癌症最好的方法。

其實不只是癌症，李威廉說，包括心血管疾病、糖尿病、阿茲海默症、肥胖等七十多種疾病，表面上看起來毫無關係，實際上都以「異常血管新生」為共同特徵，所以同樣可以用這種飲食法來預防或加速痊癒。

李威廉強調：「對許多人而言，藉著改善飲食來治療癌症，可能是唯一可

靠且實際的辦法。因為並不是每個人都負擔得起末期癌症治療的費用，但是每個人都能因為地區性、永續性的抗血管新生飲食而受惠。」

作為一個健康飲食的受惠者，我覺得有責任把心得和經驗與大家分享，所以繼二〇〇五年和二〇〇七年分別出版了《全食物密碼》和《全食物再發現》兩本食譜之後，我繼續努力鑽研實驗，終於彙集了更多心得與大家分享。

這本書除了我個人的經驗和食譜之外，也分享了一些「達人」和「過來人」的心得、實例和食譜。他們的分享與見證使本書更多元、更具說服力，相信也能嘉惠更多人。在這裡特別要謝謝他們的無私分享。

根據醫學研究，大部分的疾病與生活型態有關，其中飲食與肥胖占了將近一半的原因，基因只占10%，甚至「好的營養還可以預防先天基因所造成的疾病」（註2）。因此，越來越多患者在接受醫療的同時，也希望能調整飲食以加速痊癒。為了滿足這些讀者的需要，本書特別針對不同症狀的營養需求和宜忌，提出飲食建議，並且按照不同的疾病將食譜分門別類，以方便讀者查考和進行飲食調養。

不過，本書的主要目的還是預防。因為「預防勝於治療」始終是顛撲不破的真理，用飲食預防疾病，也是二十一世紀預防醫學的主流；而且好的飲食通常對全身的健康都有益，所以書中的所有食譜都適合未病者用以增進健康、預防疾病。除了健康之外，好吃和簡單方便也是食譜設計的考慮因素，希望幫助忙碌的現代人用美好的飲食促進健康。

這本書能順利出版，我首先要感謝許多讀者跟我分享實踐這套飲食帶給他們的「健康加分」，他們的喜悅給我很大的激勵。我也要感謝所有在我的部落格上提出個人健康問題的朋友，為了解答你們的問題，我做了許多研究，是你們的問題推動我在這個領域繼續成長，並且研發更多適合不同疾病患者的全食物精力湯。

我還要謝謝大侑健康企業的講師群，包括莊曉錡、王欣瑜、王德華、蔡秋香、官采奕、張雅雲、鄭嘉麗和許意鈴。妳們不僅提供自己的得意食譜，還幫我做實驗、抓食材比例，測試怎麼做更好吃、更營養，並且幫我逐道計算熱量。沒有妳們，這本書不可能順利完成。

　　我也要感謝童素芳陪我做訪問並整理成稿，陳健瑜幫我收集資料、做文字整理；妳們的投入，讓這本書更豐富、更精采！尤其要感謝台北郵政醫院黃淑惠營養師幫我審閱所有的食譜，並提供寶貴意見。黃營養師本身學營養，兼習中醫，還每天洗手做羹湯，跟我一樣既關注家人飲食，又希望有助提升公眾健康。

　　其實，我能走上這條健康飲食之路，要感謝我先生給了我強烈的動機，以及許多醫師、學者和研究人員的啟發。我也要謝謝莊淑旂博士、林碧霞博士、李秋涼女士在我摸索過程中給我的協助；更要感恩冥冥之中似乎有一股看不見的力量一直引導我，讓我始終做出對的選擇。

　　為了感恩惜福，回饋社會，我決定把這本書的版稅捐給「癌症關懷基金會」，進行「用營養抗癌計畫」。這個計畫不僅幫助高風險、低收入的癌友家庭改善飲食，同時由營養學者、公衛專家、醫師和營養師們一起推動，希望研究結果能嘉惠更多人。

〔註1〕李威廉（William W. Li, M.D.），現任美國血管新生基金會會長，是血管新生領域研究開創者哈佛教授福克曼博士（Dr. Judah Folkman）的學生，投入血管新生研究及臨床醫療二十二年，曾受邀於美國國會為血管新生等議題作證，並經常受邀在政府單位及醫學機構發表演講，並於《新英格蘭醫學期刊》等知名刊物發表論文。他領導的美國血管新生基金會是一個非營利機構，致力於血管新生等學術研究與國際合作，合作單位包括美國國家衛生院（National Institutes of Health）、美國癌症研究院（National Cancer Institute）及美國食品與藥物管理署（Food and Drug Administration）等。

〔註2〕柯林・坎貝爾博士（T. Colin Campbell），《救命飲食》，P.23。

Part 1
全食物，一切健康的答案

精緻食品、多肉少蔬果、甜食當道、過多的加工食品……

這些你我再習慣不過的飲食習慣，

卻可能讓人一不小心就將許多致病因子全吞下肚。

人類自作聰明的磨掉這、削去那，

很多該吸收的營養都在精製過程中消失了，

讓食物與生俱來的保健功效大打折扣。

全食物，就是天然完整、未經加工精製的食物，

如蔬果、豆類、堅果或全穀類等，

保有人體所需的完整營養，皮和籽更是含量豐富。

破除錯誤的飲食習性和迷思，

把握當令、均衡、多元三大原則攝取全食物，

減少不必要的烹煮加工程序，

讓各種營養素互相搭配、發揮協同綜效，

你就能吃出多「彩」多「滋」，攝取營養最大值！

醫生說，
這是一個奇蹟

透過我們的經驗分享，我希望幫助更多有需要的家庭，

一步步改善生活和飲食型態，創造跟我先生一樣的健康奇蹟；

這就是我不斷宣揚全食物飲食法的動力來源。

每次檢查就有如一場健康宣判

我的另一半蘇起因為曾經罹患肝癌開刀，所以每隔一段時間都要回醫院定期追蹤檢查。最初是每兩個月檢查一次，兩年後改為三個月，十年以後延長為四個月一次。他是個聽話的病人，對於檢查更是按表操課，絕不拖延。

每次他去做追蹤檢查，看來總是一派從容，彷彿例行公事。檢查完了，照例會打通電話跟我報告結果，一句「醫生說沒事」，總能讓我高懸的心舒坦地放下。久而久之，我也從最初的忐忑不安，到越來越習以

為常，甚至不以為意。

　　直到有一次他接受記者訪問，提到每一次躺在檢查台上接受檢查，就彷彿接受法官宣判是否還有明天；十幾年來，歷經多少次宣判，早已漸漸看淡生死。我這才意識到，原來在他從容的外表下，也曾有一顆忐忑的心；原來疾病與死亡的陰影，從來不曾真正消失。

　　過去兩年他特別忙，又從閒雲野鶴回到忙碌、壓力大的政治圈。尤其他的工作相當敏感，為了保守工作機密，他連回到家都守口如瓶；媒體上的負面批評或錯誤報導，他也不回應，所有事都悶在心裡。加上外食頻率增加，除了早餐之外，他幾乎很少回家吃飯，天天忙到三更半夜，全家跟著晚睡早起，週末也不得休息，讓我非常擔心，深怕多年的保養功虧一簣。

　　二〇〇九年五月二十日，他就任新職滿一年，也是開刀後的十八週年，因為他已有四年沒做較精密的檢查，醫生特地為他安排了磁振造影（MRI）檢查，並且跟四年前的結果比對。最後，醫生說他的肝看起來比四年前還健康，脂肪肝的現象大幅改善。他非常開心，檢查完迫不及待打電話告訴我這個好消息，還語帶幽默地說：「妳那套『玩意兒』看來效果還真不賴。」讓我好氣又好笑，吃了十幾年精力湯，就算鐵證歷歷，他口頭上還是有那麼一點心不甘情不願。

　　半年後的年度健康檢查，他的肝還是讓醫生嘖嘖稱奇。醫生說肝癌患者進行切除手術後，通常都會有慢性肝炎或肝硬化的情形，但是他的肝沒有硬化的現象。倒是案牘勞形，讓他身高矮了兩公分；再加上壓力大，出現了輕微的胃食道逆流。這也有跡可循，隨著他越來越忙，時間

感越來越急促，吃飯的速度也越來越快，東西沒嚼幾下就吞下肚，每次都看得我膽戰心驚，卻也不是苦口婆心就能立即改善的。辭卸公職之後，希望比較舒緩的生活型態加上適量的運動，能幫助他重新「長」回過去的高度，胃食道逆流也可以不藥而癒。

一天一杯精力湯，澆灌出健康奇蹟

兩年多前，曾有一位醫生打電話給我，問我究竟是怎麼照顧我先生的，因為他正在照顧一名肝癌病患，跟我先生的狀況很類似。他們都很幸運，雖然腫瘤不小，但有一層膜緊緊包著，沒有擴散和轉移，位置也很好，可以一刀切除，但是這名病人兩年後肝癌又復發了。

在討論過程中，醫生問了我先生腫瘤直徑的公分數，這讓我很為難，因為這是我和我先生的主治醫生之間永久的祕密，連我先生自己都不知道。但我轉念一想，醫生經常用腫瘤公分數來判斷手術後的存活率，這個數據對他很有參考價值，於是我勉為其難地告訴了他。他聽完倒吸一口氣，直說行醫二十多年，他只能用「奇蹟」來形容我先生的康復狀況。

我相信這個奇蹟是由榮總的醫療團隊、我先生的高EQ，以及願意積極調整生活方式的行動力所共同成就的。酒量不錯的他，從來者不拒到滴酒不沾；抽了二十多年、曾經戒過、復抽後抽得更兇的菸也成功戒除；從每晚熬夜讀書筆耕的夜貓子，到晚上十二點前一定上床睡覺；從無肉不歡，到少肉多蔬果，尤其堅持每天一杯全食物精力湯，到現在將

近十五年，五千多杯精力湯，澆灌出堅實的健康基礎。

　　這就是我不斷宣揚全食物飲食法的動力來源，希望透過我們的經驗分享，幫助更多有需要的家庭從全食物飲食法開始，一步步改善生活型態，創造跟我先生一樣的健康奇蹟。更希望能有更多人藉此讓健康升級，從「亞健康」進入真正的健康。最重要的是，讓我們的下一代從小養成健康飲食的習慣，變得更有健康力、更有學習力，創造一個更幸福、更有競爭力的國度。

誰說生理時鐘不能倒轉？

許多疾病對身體的傷害是不可逆轉的，肝硬化是其中之一。
而我的肝纖維化能完全改善，就好像火車倒退嚕，讓我不得不感嘆：
食物營養和人體的自癒力真是太神奇了。

你是「亞健康」還是「真健康」？

說起「亞健康」，我比誰都感受深刻。

從小就被母親形容為「大病沒有，小病不斷」；還在新婚蜜月期間，竟被先生冠上「藥罐子」稱號，還說他下了很大的決心才娶我，因為他曾發誓絕不娶一個藥罐子。當時的我，從事緊張、壓力又大的電視新聞工作將近十年，胃照三餐在痛；每天起床不是頭疼就是腰痠背痛，而且不到中午就累了；尤其動不動就感冒，常常上個感冒才好，下一個又緊接著報到；加上三不五時犯的腸胃炎，身邊必備藥物真的不少。

因為都是些煩人但無關緊要的小毛病，自己倒是不在意，但被先生這麼一說，我趕緊去做了全身健康檢查。結果出來，醫生竟然恭喜我，說我很健康，肝、腎指數都很好。我十分不解，明明每天身體都很不舒服，不是這兒疼、就是那兒痛，疲倦不堪、精神更差，這樣竟然叫「很健康」？

　　醫生說：「是呀！妳的肝、腎指數都很標準，按照理論來說，妳就是健康的。」

　　理論上是健康的，實際上卻很不舒服；因為不是病，醫生也無計可施，我只好自力救濟。再加上老公突然因為在健康檢查時發現好大的肝腫瘤，進行手術治療，為了自救、也為了幫助老公重拾健康，我一步步開始走上探尋健康之路。

　　經過多年研究，我才知道，我當時的狀況就叫「亞健康」，而一般人之中大約有70％都是處於亞健康狀態，真正健康的人實在不多。亞健康的人求醫無門，我並不是唯一的特例，很多人都有這樣的經驗。我的一個朋友更慘，換了好幾家醫院、看過許多醫生，都查不出病因，後來醫生被她煩得受不了，終於開藥給她，老公一查藥典，竟然是鎮靜劑！原來醫生以為她是身心疾病患者，是心理症狀影響到了身體健康。

飲食革命，是重整健康的第一步

　　我非常信服一句話，那就是：「醫生只能治你的急病，卻無法讓你健康。」而失去健康的第一步，常常是從飲食開始。於是我就從飲食革

命做起，挽救自己和家人的健康，堅守以下六大原則：

● 吃食物不吃食品。

● 少油少鹽少糖、不炸少烤少煎炒。

● 多素少葷，把葷食的比例降到20%以下。

● 部分生機飲食，約占日常飲食的30%。

● 盡量吃全食物，也就是天然完整、不經加工的食物。

● 重視早餐，盡量豐富多元。

　　這六大飲食改革一步步實踐下來，果然全家都越來越健康。

　　其中最讓我驚豔的是全食物精力湯，也就是用蔬菜、水果、芽苗、種籽、堅果等全食物，經過適當比例搭配、打成的蔬果濃汁或奶漿。我發現喝精力湯不僅能讓我吃到足量的蔬果及五穀雜糧，同時可以吃到牙齒咀嚼不了的果皮、種籽的豐富營養，一點也不浪費，還能兼做環保。更理想的是它很容易消化吸收，不僅不會增加腸胃道的負擔，還能修復腸胃道。

藥罐子變成了長效電池

　　記得早年胃痛嚴重時，我照過胃鏡，醫生說我的胃紅腫、破皮，但還沒到胃潰瘍的地步，是典型的慢性胃炎，這是性格、生活習慣和職業壓力共同造成的，很難改善。後來，我開始喝精力湯不久，就發現胃痛漸漸少了，過沒多久，竟完全忘了這回事。去年心血來潮，想到年年健康檢查都沒照胃鏡，應該看看它現在怎麼樣了。沒想到胃鏡一進入食

道，醫生就驚訝地說：「哇！妳的食道怎麼乾淨得像小Baby一樣。」然後又說：「妳的胃也一樣，很乾淨、很漂亮。」我心想：「怎麼會呢？當年紅腫、破皮，難道不會留下痕跡嗎？」當我看到胃鏡錄下的影帶，自己也詫異於它的乾淨美麗，在鏡頭下真像粉色的花瓣。

我跟我先生同「肝」共苦。我也是B型肝炎帶原者，這種人平常沒有異狀，但罹患肝癌和肝硬化的機率比一般人高了幾十倍，固定每半年要檢查一次。記得早年檢查時，醫生曾提醒我要小心，因為我的肝「粗粗的，像砂紙一樣」，後來才知道這叫肝纖維化，是肝硬化的前兆。因為當年醫藥知識不足，不懂得害怕，等知道了嚴重性，才開始擔心。這幾年做肝臟超音波檢查時，我都會問醫生：「我的肝怎麼樣？有沒有粗粗的？」醫生的回答都是：「沒有呀！看起來很柔軟、很正常。」

記得看過一些文章，提到許多疾病對身體的傷害是不可逆轉的，就像一列不斷前行的火車，只會前進不會倒退，肝硬化是其中之一。而我的肝纖維化能完全改善，就好像火車倒退嚕，讓我不得不感嘆：食物營養和人體的自癒力真是太神奇了。

最開心的是我變得一整天精力充沛、神采奕奕，老公再也不敢叫我「藥罐子」，而改口叫我「長效電池」。很多朋友都懷疑是時間老人忘了我，還是我把生理時鐘倒轉了？

飲食對健康和幸福的重要，我親身體會、感受很深。所以，從電視台退休以後，我專注研究和推廣全食物飲食法，熱情不亞於過去從事新聞報導工作，態度一樣是「追求真相」，希望能幫助更多人從亞健康回復健康。

想要不生病，
先顧免疫力

「免疫力」，就是保護人體不受各種病原微生物侵害的能力。
提升免疫力的最好方法就是均衡的飲食，供給免疫系統充分的原料，
讓它根據身體需要進行各種不同的生化作用。

會生病，都是免疫失調惹的禍

　　吃對食物、給細胞足夠的養分，不僅能強化人體自癒力，也是提升
人體免疫力的不二法門。所謂「免疫力」，簡單地說，就是保護人體不
受各種病原微生物侵害的能力。人類百分之八、九十的疾病，從感冒到
癌症，都跟免疫力失調有關。

　　如果你跟以前的我一樣，經常覺得疲勞、感冒不斷、體力變差、動
不動就胃痛或鬧肚子、容易感染或傷口不易癒合，那就是免疫力低下、
處於亞健康狀態。套一句莊淑旂博士的話，這就是「癌前體質」。因為

即使沒有任何外來刺激或致癌物，人體每天也會有一百到兩百個癌細胞產生，而免疫力就是人體嚴密的防護機制，可以控制與抑制癌細胞產生。當免疫力下降、健康狀況不佳時，防護機制不足以抑制癌細胞大量增生，癌症發生只是遲早或有沒有誘因罷了。

所以，不論是我成為藥罐子，或是我先生成為癌症病患，追根究柢都是免疫功能失調惹的禍。而許多讓我們不舒服的症狀，其實正是免疫力在幫我們維修身體所產生的現象。例如感冒發燒是身體為了跟病毒作戰，必須提高體溫來增加淋巴球；起疹子是免疫細胞努力把對身體不好的東西排出體外；不明疼痛或腰痠背痛是免疫功能為了改善血液循環，分泌一種讓血管擴張的物質，它的副作用就是引起發熱和疼痛。

由此可知，健康並不能靠藥物來抑制病症，而是要強化身體內部比任何藥物都強大的優秀免疫功能，才是治本之道。而許多研究都顯示：提升免疫力最好的方法，就是均衡的飲食，供給免疫系統充分的原料，讓它能根據身體需要進行各種不同的生化作用。我們吃的日常食物才是造就健康的王道，不需要刻意去吃提升免疫力的健康食品。

怎麼吃，才能提升免疫力？

●多吃全食物

也就是天然完整、未經加工精製的食物，如蔬果、糙米、豆類、堅果。這類食物含有人體所需的完整營養，如構成細胞的蛋白質、組成細胞膜的脂質、提升免疫力的礦物質和膳食纖維、促進新陳代謝的維生素

以及被稱為「天然藥物」的植化素，如花青素、茄紅素、胡蘿蔔素等，這些超級抗氧化劑對提升免疫系統功能都很有幫助。最重要的是，這些食物都有生命力，而養生界正流行一句話：「活的食物才能養生。」

●適量攝取肉類和乳製品

避免吃進太多動物性脂肪和蛋白質。吃得太油膩，尤其是攝取太多不良脂肪，會使體內的免疫細胞變得慵懶而無法發揮作用，所以油炸食物和肥肉要盡量少吃，反式脂肪更是最好不碰。蛋白質過多或過少都會損害免疫功能，以前國人的問題是蛋白質攝取量不足，導致營養不良；現在卻是攝取量遠遠超過身體所需，尤其以動物性蛋白為主，不僅傷害了免疫力，還大大增加了肝腎的負擔。

很多女生聞脂肪而色變，一點脂肪也不碰，這又矯枉過正了，因為人體不能缺乏脂肪。最好的脂肪來自深海魚、堅果、種籽、酪梨和一些健康油（如未精製的橄欖油、亞麻仁油、冷壓芝麻油、苦茶油），可以提供人體無法自製的必需脂肪酸，卻沒有飽和脂肪會引起肥胖、血脂肪增加的問題。

●將全食物打成精力湯飲用

我會把蔬菜、水果、堅果，或五穀、豆類、菇蕈類，以適當的比例混合，加上好水，打成全食物精力湯，就是免疫大軍最好的養料。這等於是每天用一杯混合了上千種植化素、各種維生素、礦物質、微量元素、充足酵素、好的不飽和脂肪、蛋白質、複合式碳水化合物等營養物質的超級飲品，為自己的身體進行雞尾酒化療，果然使免疫大軍陣容壯盛。

全食物，讓全家都健康

　　免疫力一提升，以前不時來騷擾我的感冒和腸胃炎，慢慢就消聲匿跡了。記得二〇〇三年SARS流行時，有一天，我覺得有點小感冒，不敢大意，趕緊跑去住家附近的家醫科就診。這才發現，過去七年當中，我都沒有用過健保卡。換句話說，開始喝精力湯一、兩年後，我就幾乎不曾感冒了；即使不小心著了涼，只要多喝溫開水、多休息，或是喝一些特別調製的精力湯，很快也就痊癒了。

　　提升免疫力不僅讓我遠離感冒和腸胃炎，疲勞感和頭痛、腰痠背痛這些惱人的小毛病也一掃而空，讓我隨時隨地充滿活力，簡直是煥然一新。而我先生在癌症開刀後不到兩年，就出任繁重的政府職務，工作時間長、壓力大。但他不僅通過每次的追蹤檢查，而且肝臟越來越健康。兩個在爸爸肝癌開刀後才出生的小朋友，從小吃粗糧、喝精力湯，幾乎很少看醫生，登山、長泳、騎自行車環台也難不倒他們。這些都讓我對全食物飲食法提升免疫力的功效越來越有信心。

我們的體內
都有不老仙丹

免疫細胞不只能保護身體不受疾病侵害，還能促進新陳代謝，
提高身體機能，防止細胞組織老化。所以免疫功能好的人，
不僅修復能力強、看起來比較年輕，膚質和體態也會更理想。

免疫力就是修復力

　　人類有史以來就不斷在追尋健康不病、青春不老、延年益壽的祕
密。拜科學發展之賜，我們終於領悟，不老仙丹不需外求，就在我們自
己的體內，那就是設計精密的免疫系統。

　　免疫細胞不只能保護身體不受外來細菌、病毒的侵害，防禦感染，
還能治療傷口，修復體內的疲勞細胞，讓我們健康、活力充沛。更理想
的是，它還能促進新陳代謝，提高身體機能，防止細胞組織老化。所以
免疫功能好的人不僅修復能力強、看起來比較年輕，連女性在意的皮膚

粗糙、長痘痘等問題，免疫細胞都能幫上忙。

　　對於這點，我深有體會。記得一九八四年年底，我遠赴印度採訪達賴喇嘛，那是國內電視媒體的創舉。長年累積的工作壓力，加上長途跋涉的疲憊和當地公共衛生的落後，又有突然湧入大量人潮而導致的感冒流行，使免疫力低落的我立刻淪陷，而且發展迅速，當我終於有機會面對面訪問達賴喇嘛時，幾乎完全失聲。禍不單行的我臉頰還長了一顆大痘痘，紅腫化膿，使我幾乎毀容，一連好幾個月未見痊癒，朋友都笑我：「這是不是見了達賴喇嘛長出來的舍利子？」一位一、兩年沒見的朋友和我同進一部電梯，居然認不出我來，在我主動打招呼後還詫異地說：「妳怎麼變成這樣？」害我當天回家哭了一整晚。

　　強烈的對比出現在二〇〇九年年底。我一時大意，騎腳踏車下坡時誤用右手緊急剎車，導致前輪驟停、後輪繼續行駛，我整個人彈起，牙床著地，摔了個結實的狗吃屎。唇齒的劇烈疼痛和血跡，讓我的心涼了半截，「毀了，牙齒一定斷了。」沒想到舌頭一舔，牙齒顆顆俱在，沒有絲毫動搖；再試著站起身，發現雖然到處有不同程度的疼痛，但還能行走，大概沒有骨折；一照鏡子，嘴唇腫得像掛了一條香腸，臉頰、鼻頭擦傷，下巴瘀青並腫了起來，左手好幾個皮翻肉綻的傷口。

　　由於是星期假日，找不到開著的診所，又覺得去大醫院急診有點小題大作，於是我回家自行清理傷口，還給家人做了午、晚餐。晚上洗臉時，發現手痛得連擰毛巾的力氣也沒有，晚上睡得也不安寧，感覺身體彷彿到處有電流在竄，讓痛的地方更痛了。沒想到第二天起床，手居然自動復元了，提、舉、轉、扭，全無問題。但是胸部劇痛未減，陸續做

了牙齒和胸部X光檢查後，醫生也都說沒有異狀。更神奇的是恢復速度連老公都嘖嘖稱奇，不到兩個星期，除了手上幾個傷口碰到水有點發炎之外，臉部外傷幾乎已看不出來。

自律神經失調，將影響免疫力

兩件事發生前後相差二十五歲，修復能力卻是昔不如今，體力和身心狀態也更勝當年。以前身心狀況很差時，曾做過一連串檢查，醫生提醒我有自律神經失調的現象，但又說：「這是文明病，很多人都有。」讓我不以為意，萬萬沒想到對免疫系統有深刻影響的，就是自律神經。

自律神經分成在活動或興奮時工作的交感神經，以及在休息或放鬆時占優勢的副交感神經，兩者維持平衡，免疫系統就能正常發揮功能。可惜現代人長期處在平日過分繁忙疲憊、假日又過度懶散這兩個極端，加上壓力沉重、飲食不均衡、缺乏運動，免疫力自然江河日下。

要平衡自律神經、提升免疫力，以飲食和呼吸的效果最快。而我選擇的食材，正好是可以提升副交感神經的五穀、蔬菜、藻類和水果，含有豐富的鎂、鈣、鉀等礦物質和膳食纖維。加上一九九三年我開始接觸佛法，學習靜坐調整呼吸，配合規律的運動和積極正面的心態，果然一洗「藥罐子」的稱號。很多老朋友多年不見，都驚訝我皮膚、氣色越來越好，體態變化不大。更有許多人聽說我先生已年過六十，都表示他本人看起來年輕許多，而且氣色非常好，一點也看不出來曾是癌症患者。我想這都是藉由飲食和生活習慣調整免疫系統的成果。

Whole Health News
全健康小事典

提升免疫力，還可以怎麼做？

■ 紓壓：

壓力會刺激交感神經，讓身體分泌腎上腺皮質素，使得體內發炎物質的濃度上升，導致腫、痛，甚至引發自體免疫問題。悲傷、憤怒、怨恨、煩惱等情緒也會產生壓力；常覺得快樂、能正向思考的人免疫力比較好。

■ 提升睡眠品質：

優質的睡眠可促使血液中的淋巴細胞顯著提升、誘導出特殊的免疫蛋白，抵抗力也會加強。同時，睡眠中適當分泌的生長激素，也能幫助人體提高代謝率。睡眠的黃金時間是晚上10點到清晨4點，晚上最好能在11點以前上床睡覺。

■ 適當運動：

運動可以促進新陳代謝，提升免疫力，但是在身體疲勞時運動，以及激烈或過度運動，反而會生成自由基，破壞免疫功能。最好的運動是能用到大片肌肉、又能增加耐力的運動，如體操、快走、游泳、爬山等，每週三次以上，不激烈、但持續20~40分鐘。

■ 呼吸與打坐：

口呼吸和淺呼吸會更加刺激交感神經；用鼻子深呼吸或腹式呼吸，則可以安定情緒，使副交感神經處於優勢，平衡自律神經。

■ 戒香、檳、酒：

也就是戒除香菸、檳榔和酒。這三種嗜好都很容易上癮、致癌，產生大量自由基和消耗維生素，任何一種過量都會降低免疫力，三種相乘對免疫系統的破壞力更是驚人，也是產生各種疾病的原因。

吃錯了，
細胞就發炎

飲食不當，無法消化的東西堆積成為毒素，身體就會開始拉警報。
亨利·畢勒醫生說：「你的食物就是你的良藥。」
要吃毒還是吃補、養生還是養死，只能自己選擇。

發炎是身體急速排毒的現象

　　飲食是提升免疫力的幫手，也可能是破壞免疫力的元兇。

　　科學研究證實，細胞層次的長期慢性發炎，是導致生病、老化的主
因。飲食不當，無法消化的東西堆積成為毒素，身體就開始拉警報，像
是氣喘、過敏、關節炎、皮膚病等症狀，大多是吃出來的。

　　我一位朋友的兒子飽受異位性皮膚炎困擾，皮膚動不動就過敏紅
腫。雖然老公是醫生，平素作息也挺正常，但是兒子怎麼打針吃藥就是
不見改善。做媽媽的很著急，以為是家中塵蟎惹的禍，除了勤加打掃，

每天把家裡整理得纖塵不染，還把客廳的沙發、地毯、窗簾，和兒子房間的被單、枕套，全換成防塵蟎的材質。

「什麼方法都用了，他的皮膚還是糟啊！」朋友束手無策，問我有何解決之道，我馬上問她兒子都吃些什麼？她如夢初醒，問題可能是出在食物上，回家立刻幫兒子寫起飲食日誌，逐一記錄他的三餐、宵夜和零食，以揪出元兇。

「如果想變帥，平常吃什麼最好如實招來。」在媽媽恩威並施的脅迫下，記錄表終於發揮功效。她發現只要兒子外食次數一多，皮膚就會出狀況，尤其是吃了炸雞、泡麵的隔天，鐵定紅腫發炎，屢試不爽。

「炸雞、薯條、泡麵就是兇手！」像是偵破案件般，她火速頒布禁食令，兒子起先還不相信，但飲食日誌一攤開，鐵證如山，他也只好答應戒掉這些高油脂的炸物。果然，不吃炸雞泡麵之後，皮膚真的大有改善，朋友也成功解救了兒子俊俏的臉龐。

吃的東西太油，攝取過量不良脂肪，會妨礙免疫能力，使體內的免疫細胞變得慵懶而無法發揮功能，大大小小的毛病也就跟著冒了出來。另外一位朋友也曾向我求救，說她兒子到外地念書沒多久，就帶著整背的痘痘回來，讓她十分擔憂。

「這是身體急速排毒的現象，他是不是常吃炸的東西？」聽我這麼一問，朋友馬上想起，上回陪兒子逛校園，發現四周的小吃攤，幾乎賣的都是烤香腸、炸雞排、天婦羅這些炸物。這些東西吃多了，身體承受不住，只好將毒素急速排出，才會大量冒痘子。於是她重新調整孩子的飲食，要他多吃蔬果，少吃肉類和油炸食品，症狀立刻得到改善。

高油、多肉是健康的致命傷

　　肉類經過高溫油炸會產生質變，加重肝腎負擔，迫使細胞發炎。世界癌症研究基金會已經證實，紅肉和加工肉品確實是引發大腸癌的因素之一；最新的研究則發現，加工肉品對糖尿病也有相當不利的影響。

　　現代父母常常以速食或零食當獎勵，結果小孩吃慣了油炸食物，卻對有益健康的蔬果、全穀不屑一顧，導致有孩子年紀輕輕就要換肝、十四歲就大腸癌末期、十八歲就心肌梗塞；我兒子的同學竟然八歲就中風，這都是不當飲食惹的禍。

　　改變飲食習慣是救命的第一步。我以身作則，先戒掉愛吃炸物的習慣，而且說不吃就不吃，態度一定要堅決，家人才會跟著你一起實踐。接下來，我改變烹調方式，不炸少烤少煎，盡量以低溫炒菜，每天準備適量的蔬果生食，補充能幫助身體排毒的酵素。

　　不過，讓我打從心底愛上健康飲食的主因，還是精力湯。因為它既方便又易學，味道也好極了，還能讓家人吃到全食物的植化素和膳食纖維，一舉多得，讓我把過去曾經吃錯的失誤，慢慢彌補回來。

　　無論是母親對孩子的苦口婆心、或是妻子給丈夫的循循善誘，家庭中只要有一個人覺醒，好的改變就有可能發生。亨利‧畢勒醫生說：「你的食物就是你的良藥。」至於要吃毒還是吃補、養生還是養死，只能自己選擇。

別讓身體
染上了糖癮

任何食物只要過量了就是毒。一旦甜食吃太多,血糖維持高檔,
讓胰島腺總是加班,久了疲乏失常,燃料就會變身為毒素,
進而刺激細胞發炎,降低免疫力,對身體的傷害很大。

吃甜和吸毒一樣,都會上癮!

　　除了高油之外,另一個會引起身體發炎的是糖分。

　　很少有人不喜歡吃糖,但普林斯頓大學的研究發現,狂吃甜食和吸
毒一樣,都會上癮。更糟糕的是,甜食會影響白血球的製造與活動,降
低身體抵抗疾病的能力。

　　我很愛吃巧克力,每次吃都欲罷不能,但是糖吃多了對身體不好,
於是在先生開刀那年,我們約定他戒菸、我戒巧克力,各自對抗自己的
癮頭。然而,這些年他身體越來越健康,疾病的警報解除,平常又聽聞

許多吃巧克力的好處，例如可以抗憂鬱、舒緩情緒等，所以我有時會忍不住破戒，以為只是在生理期吃一顆，應該沒什麼關係。

不過，除了可可含量在75~85％的苦巧克力之外，一般市售的巧克力含糖量都太高。而且，我還真是小看了甜食撩撥欲望的能力，雖然腦袋努力克制自己只吃一顆，手卻不由自主伸向糖果盒，又拿了第二顆，接著就停不下來，一口接一口。

吃糖的困擾就在這裡，就像有人刻意說了甜言蜜語，聽了一句，就想再聽第二句，讓人輕易掉進謊言的陷阱；等到發現盒子空了，過量的糖分和人工添加物也已經準備作怪了。果不其然，前陣子到醫院做年度健康檢查，血糖值真的偏高，只好又把巧克力戒了。

糖分代謝不良，將導致老化發炎

糖果、甜點多含有大量蔗糖，吞下肚馬上能被吸收，讓血糖迅速升高。只要血液裡糖分一高，胰島素就會開始工作，想辦法將糖分代謝為燃料；如果熱量沒用完，就轉換成脂肪，造成肥胖。更嚴重的是，一旦甜食吃太多，血糖維持高檔，讓胰島腺總是加班，久了疲乏失常，燃料便會轉變為毒素，進而刺激細胞發炎，降低免疫力，對身體傷害很大。

細胞受損，各種過敏、發炎現象就會出現。國外有一項動物研究發現：喝糖水的老鼠，呼吸道發炎的機率是喝水老鼠的兩倍。現在越來越多孩子有氣喘問題，可能都與甜食吃太多有關。美國一項最新研究顯示，極度喜好甜食的小朋友，除了容易蛀牙、發胖，長大成人後，可能

還容易罹患憂鬱症及貪杯酗酒。另外一項研究則指出，每週喝含糖軟性飲料如汽水、可樂兩次以上，罹患胰臟癌的風險會大幅提高87％。

成年人和老年人的新陳代謝能力更差，吃糖過量造成的問題也更加嚴重。英國的醫學期刊更指出，糖將促使皮膚從三十五歲開始老化，除了讓人變老變醜之外，還會引發各種發炎症狀，有些體質敏感的人，甚至一吃糖就發蕁麻疹。

任意地吃，身體總有一天不堪負荷

前陣子，我出席兒子學校的家長會，有位媽媽知道我一直在推廣健康飲食，忍不住向我訴起苦來：「我被異位性皮膚炎折磨很久了，看了很多醫生，打針吃藥都無法根治。最近去做了癌症指數檢測，醫生說我的發炎指數偏高，好煩惱哦！」更無奈的是，醫生怎麼都查不出病因，懷疑是壓力造成的。

「妳從事什麼行業？」醫生問。她滿腹狐疑，「我是全職家庭主婦啊。」「孩子正在青少年叛逆期吧?!」醫生鍥而不捨。「沒有啊！兩個孩子都還在讀小學呢！」「那是妳先生有外遇嗎？」醫生突然冒出這句玩笑話。「問得好！通常先生外遇，太太都是最後知道，我現在還沒發現，也還不構成壓力！」她把與醫生的對話當笑話講給我們聽，但還是看得出來她頗為煩惱。

我立刻想起亨利‧畢勒醫生提到的身體急速排毒現象，覺得這可能和飲食有關，於是問她特別愛吃什麼。「吃得也還算清淡，不過，特別

愛吃糖，怕孩子看到，都偷偷藏起來吃。」原來，她每天傍晚五點多會忍不住大吃特吃甜食，隔天早上十點左右，皮膚就會起疹子，紅腫發癢非常難受。雖然過一陣子就會自動消退，但是每天都來上這麼一回，也很夠受的。我當機立斷：「這就是過量的糖變成毒，身體無法依循正常管道代謝出來，只好從皮膚發散，就成了異位性皮膚炎。」

「戒掉甜食吧！」我誠心地建議她。三天之後，我們在學校碰面，她很興奮地說：「嗨！妳真神耶！我當天回去就開始不吃糖，結果這三天異位性皮膚炎都沒有發作。」我很高興幫她除掉了心腹大患，也感佩亨利‧畢勒醫生早在幾十年前就有這種真知灼見：原來很多疾病真的是飲食造成的；很多發炎症狀，都是身體為了自救所進行的排毒現象。

身體自有一套排毒系統，補充好的食物可以讓它運作順暢、神采奕奕；相反地，若是不懂克制嘴饞的欲望，任意地吃，超負荷的系統有一天終會崩解。

飲食是日常大事，點心零食看似無關緊要，卻可能造成不小危害。若真的想吃甜食，天然的水果既香甜又鮮豔，還藏有大自然的靈丹妙藥——植化素，絕對比糖果更好。但就算是天然水果，如果糖分太高、吃的量又多，身體也是負荷不了的喔！這真是應驗了：任何食物過量就是毒。

少肉多素，
才是真健康

很多人迷信吃肉長肉，父母更擔心孩子肉吃得不夠會營養不良。

其實肉吃多了，除了飽和脂肪太高會引發心血管疾病，

動物性蛋白質過多也會提高癌症、阿茲海默症和腎結石的罹患機率。

肉真的是優質蛋白質嗎？

　　除了油、鹽、糖，還有一個健康殺手是動物性食物，特別是紅肉。

　　醫學研究已證實，攝取過多動物性食物，尤其是來自紅肉的飽和脂肪，會提高消化系統和生殖系統的罹癌風險，前者包括大腸癌、直腸癌、胰臟癌、膽囊癌；後者包括攝護腺癌、子宮內膜癌和乳癌。世界癌症研究基金會因此建議：每星期最好不要吃超過500克紅肉，也就是平均每天不要超過2兩紅肉。

　　我以前也愛吃肉，先生更是標準的肉食主義者，尤其喜歡吃久燉久

滷、汁濃味厚的大塊肉，一餐沒肉就感覺若有所失；至於蔬菜，則是可有可無，常是象徵性吃幾口意思意思。我總笑他是無肉不歡，直到他肝癌開刀，我才警覺，飲食失誤可能就是引發這場大病的罪魁禍首。

肉，長久以來一直被視為優質蛋白質，很多人迷信吃肉長肉，不少父母更擔心孩子肉吃少了長不高、營養不良。其實肉吃多了，除了飽和脂肪過高會增加血中膽固醇、引發心血管疾病之外，動物性蛋白質過多也會提高癌症、骨質疏鬆、阿茲海默症和腎結石的罹患機率。

我的第一個啟蒙老師亨利・畢勒醫生點醒我，動物性蛋白質經高溫烹調會產生質變，難以消化，造成肝腎負擔，引起細胞發炎，導致老化和疾病。有研究顯示，只要吃肉，腎臟的腎絲球過濾率和血流率就會提高，其中又以紅肉最高，代表負擔最重，白肉次之。肉品經加工處理，製成火腿、香腸、鹹肉後，更會加重身體負荷；燒烤的肉品對身體影響尤其巨大，一塊八盎司的炭烤牛排將生成相當於六百根香菸的致癌物質。所以在我先生罹癌後，這些食物全成了我家餐桌上的「稀客」。

從大塊吃肉到百分百蔬食主義

然而，老公總是抱怨：「我們家孩子肉吃得太少了。」「不給孩子喝牛奶，萬一長不高怎麼辦？」讓我心底不免掙扎。直到看了有「營養學界愛因斯坦」之稱的美國營養學權威柯林・坎貝爾所寫的《救命飲食》一書，才讓我慶幸自己的堅持是對的。

柯林・坎貝爾為了研究動物性蛋白質和癌症的關係，用含有黃麴毒

素的飼料餵食老鼠，再把感染黃麴毒素的老鼠分為兩組，每天分別餵食5％和20％的酪蛋白——也就是動物性蛋白質。結果前者沒事，後者全得了肝癌，致癌率竟是0：100。若改成餵食20％的大豆和小麥等植物性蛋白質，結果則跟餵食5％的酪蛋白一樣，並不會引起肝癌。

反覆進行了二十七年的動物實驗後，柯林‧坎貝爾證實：以牛奶、肉類為主的動物性飲食，會引發肥胖、冠心病、腫瘤、骨質疏鬆等慢性疾病。高纖的全食物飲食才是延年益壽的靈藥，不僅能預防疾病，而且「有清楚的證據顯示，即使是心臟病末期、幾種癌症、糖尿病，都可以藉由飲食來扭轉病勢」。他自己也從一個大塊吃肉的農場子弟，變成百分百的全食物蔬食主義者。

我家飲食革命的第一步，就是少葷多素，把動物性食物降到15％以下，讓長年超負荷的身體不再累積毒素。先生剛動完刀那兩年，甚至厲行全素，僅吃少許蛋和魚，原本從肉類攝取的蛋白質、鐵、鈣和脂肪，全以豆類、堅果和蔬菜、海藻取代。擔心全食物蔬食吃得不夠，每天再喝一杯精力湯補充酵素、植化素和膳食纖維，真的讓我們找回健康。

飼養方式也是健康的隱憂

吃肉除了要擔心膽固醇、肝腎代謝的問題，現代畜牧業的養殖方式更是健康最大的威脅。雞、鴨、豬、牛被豢養在狹小難行的空間裡，為了避免動物生病、使其加速生長，往往會施打生長激素、抗生素或是開胃藥。這些化學藥劑殘留在動物的血肉臟腑中，一旦被人吃下肚，就可

能造成內分泌和免疫系統功能的紊亂。

　　曾擁有上萬畝農場和數千頭牛隻的霍華‧李曼，就是在經歷病痛折磨後，才重新回頭檢討肉品「製造」的過程。他不僅上節目、出書，踢爆畜牧業的黑幕，還從美國畜牧大亨變身為國際素食聯盟主席。倡導「新世紀飲食」的約翰‧羅賓斯，本身是美國「三一冰淇淋」的少東，但他在了解「食物」的真相之後，就決定放棄接管家族事業，進而揭露工廠化養殖農場的問題，力勸世人不要吃牛奶、雞蛋及最大宗的肉品。

　　動物是怎麼養大的？每次揭露事實，總讓人毛骨悚然。況且地球暖化的危機也跟人類大量肉食有關；大片森林被砍伐，改種穀物豆類，其中有70％用來飼養動物，而全世界有兩成的溫室氣體便是由畜牧業所造成。所以我家很少吃雞肉和紅肉，最近幾年雖然不再吃全素，但是吃肉的次數和量也很少，要吃也會選擇無污染的深海魚，以及沒有荷爾蒙與抗生素殘留的蛋。

　　多吃植物少吃肉，千萬別讓「恐怖片」在家人的五臟六腑中反覆上演。

你吃的是
健康素嗎？

台灣不少素食者往往添加過多調味料，或是煎、炸得香脆才入口，
這跟多吃紅肉、油脂一樣，都會加重胰臟負擔。
素食也要健康吃，才能獲益，低溫烹煮和生食才是最理想的料理方式。

不健康的素食，同樣會致病

為了追求健康和對抗暖化，越來越多人開始吃素。不過，卻有許多
統計顯示，台灣的素食者不一定比較健康，其中吃素女性罹患代謝症候
群的比例，竟然還比「什麼都吃」的女性高。

我有位朋友吃素多年，非常重視健康，又樂於行善助人，可是卻在
一次健康檢查中發現得了乳癌，不到五十歲，就離開親愛的家人和一手
創辦的慈善事業。我非常難過，而且百思不得其解，吃素為什麼會得乳
癌呢？通常愛吃紅肉和油膩食物的人才比較容易得乳癌呀！

經過仔細觀察，我才發現：並非吃素不好，而是國內部分素食者吃得太油了。不論是素食餐廳、或是在家自己做菜，總不外乎煎炒、油炸，而且最愛熱鍋快炒，非得等到油冒煙了，才急忙倒下青菜。大火燒得噗滋噗滋響，香氣四溢，看似美味爽口，其實卻暗藏大「創」人心的危機。油品一過「冒煙點」，就會氧化變質、產生毒素，造成三酸甘油脂和壞膽固醇偏高，反而提升了心血管疾病和各種癌症發生的機率。

吃素最怕營養不均衡，豆類再製品和氧化油脂吃太多、生鮮蔬果吃得少，將導致身體機能失調，衍生各種病症。市面上販賣的素料多含人工添加物，鈉含量也高，容易致癌，影響代謝系統。另一位吃素長達二十年的朋友，日前被診斷出胰臟癌時，遲遲不敢相信，她質疑著：「我不吃肉，怎麼會得這種病？」醫生告訴她，台灣不少素食者嫌青菜豆腐過於清淡，往往添加過多調味料，或是煎、炸得香脆才入口，這跟多吃紅肉、油脂一樣，都會加重胰臟負擔。

生鮮均衡，才能健康樂活

所以，我提倡吃「樂活健康素」，也就是——

● **盡量吃當地、當季生產的新鮮蔬果**：當季生產的食物最合節令，農藥最少，也正符合身體所需；當地生產的食物不需要遠距運送，減少碳足跡，而且最新鮮、酵素最多、營養最豐富。
● **盡量吃全食物**：減少加工步驟，才能吃到最天然完整的營養。
● **注意均衡多元**：除了穀類、蔬食之外，多利用豆類、堅果補充蛋白質

和優質的植物油脂。

● **攝取彩虹飲食**：食物的顏色最好繽紛多樣，因為不同顏色的蔬果含有不同的植化素，可以提升身體抗發炎、抗氧化、預防癌變的能力。

● **從食物中補充維生素B12**：素食者易缺乏維生素B12，可以多吃全麥、糙米、納豆、海藻（如紫菜、海帶）、酵母和自製泡菜來補充，或是酌量補充蛋、起司、優酪乳。

食物選對了，烹調方式也很重要，不當的烹調容易讓食物變質、營養流失。低溫烹煮和生食才是健康的料理方式，尤其蔬果生食能補充酵素，是細胞修復的關鍵。所以我喜歡將芽菜、水果、堅果、種籽和豆類適當搭配，打成精力湯喝，維生素、礦物質、植化素、酵素和膳食纖維一應俱全，即使吃素，也不用擔心營養不良或飲食不均衡的問題。

多吃堅果，取代熱炒油炸

很多人擔心吃素會有蛋白質攝取不足的問題。蛋白質是維持身體運作的必要營養，絕不能捨棄，但也不需要太多，應該占每日攝取熱量的12%；或者以體重計算，小孩每1公斤需要2公克，成人是0.8~1公克。

植物性蛋白質只要搭配均勻，並不會有蛋白質缺乏的顧慮，米加豆就是很好的搭配。米裡面沒有的胺基酸豆裡有，豆裡面沒有的胺基酸米裡有，所以用糙米加黃豆，可以提升蛋白質利用率達40%，加紅豆、綠豆也很不錯。我就常利用這個竅門調製豆穀奶漿，喝起來營養更豐富、也更可口。

豆類、堅果都是很好的蛋白質和油脂來源。堅果被公認為「護心食物」，所含的油脂是以單元不飽和脂肪酸為主，有利於提高血中好膽固醇的濃度，減少體內壞的膽固醇，具有降血脂功能，可以預防心血管疾病。已有研究證實，常吃堅果的人，發生冠狀動脈心臟病的風險較小。

我自己就是很好的例子。由於高、低密度膽固醇的數值比總膽固醇的數值更能反映心血管健康的程度，所以醫師建議高密度膽固醇——也就是好膽固醇——應高於60，低密度膽固醇——也就是壞膽固醇——應低於100。而我的好膽固醇119，壞膽固醇66，是許多醫師眼中不可能的數字，我想也許就是常喝加了堅果的精力湯之故。

堅果除了提供好油脂，還含有豐富的維生素和礦物質。像是芝麻、腰果、杏仁、亞麻仁籽、南瓜籽等，富含鎂、銅、錳、硒和維生素A、C、E及B群，能協助身體對抗自由基，並有助於各種營養素代謝，而且堅果中的植物纖維，也能促進消化和預防便秘。我打精力湯時都會依據口味，添加不同種類的生堅果，既能增添蔬果汁的風味，又能讓營養更完備。

堅果因富含油脂，容易氧化，開封後最好放入冰箱冷藏。如果吃起來有油味、刺鼻味或苦味，表示已經開始變質，不宜再吃。最好選擇未經加工處理的完整生堅果，因為高溫烘焙的堅果也容易變質，就失去吃它的好處了。不過，還是要提醒大家，堅果雖然是好食物，但熱量也很高，適量攝取就好，多吃還是會胖！

我不鼓勵吃肉，而是藉由多元、豐盛的精力湯，吃到比肉類還要優質的營養。素食也要健康吃，才能獲益。

飲食的品質，
決定孩子的未來

飲食會殺人，餵孩子吃工業化食物，

結果就是出現越來越多氣喘、過動，或憂鬱傾向的下一代，

而癌症、心血管疾病、糖尿病也有越來越年輕化的趨勢。

在速食餵養下長大，世界會變成什麼樣？

「明天校外教學想帶什麼去啊？」朋友牽著就讀小學的女兒走進便
利商店，架上五顏六色的零嘴，甜的、鹹的、酸的，什麼口味都有，小
女生來來回回逛了好幾圈，最後卻只拿了一瓶水。

「為什麼呢？」媽媽不解地問。

「我很想拿餅乾，可是妳說過，成分含五種以上的人工添加物，就
不能吃啊。」

「答對了！」朋友得意地笑了。

朋友學的是營養，從小就教育孩子吃真的食物，原本想趁著校外教學讓女兒解解饞，不料她自有堅持，拒絕吃下看不懂的色素和香精。不過，隔天女兒滿臉困惑地回來，似乎發現了什麼大祕密：「有個同學好可憐，都拿洋芋片配可樂當早餐，他……他是不是沒有媽媽啊？」

　　吃食物、不吃食品，是全食物飲食的第一步。聽完朋友描述，我一方面佩服她把孩子教得這麼好，一方面則擔憂，如果只有少數人節制，多數孩子都在漢堡和炸雞的餵養下長大，這個世界會變成什麼樣子？更別說根據統計資料顯示，台灣超過六成五的學童經常吃零食，洋芋片、科學麵、巧克力是他們的最愛。

　　美國有三分之二的人口體重超重，英國每年因飲食問題導致過早死亡的人數達七萬人；孩童的飲食問題更嚴重，一所學校一週內能吃掉四分之一噸的洋芋片。在速食世界中長大、吃慣加工食品的孩子，從沒有看過蔬菜的原貌，不知道土地與食物之間的關係，他們的餐點總是覆著一層漂亮的包裝紙。

　　加工食品本是為了誘惑人的味覺而設計的，從小到大，我們不知道吃進多少色素、糖精。一

包洋芋片沒什麼大不了，但長期亂吃下來，堆積在身體內的毒素相當驚人，根據研究，40~50%的兒童過敏病例都是食品添加物造成的。飲食會殺人，餵孩子吃工業化食物，結果就是出現越來越多氣喘、過動，或憂鬱傾向的下一代，而癌症、心血管疾病、糖尿病也有越來越年輕化的趨勢。

從校園發起，展開全食物飲食革命

「不能再這樣下去！」營養學權威柯林·坎貝爾提出建言，吃得越好越危險，全食物蔬食才是最健康的飲食方式。美國營養教育學者瓊安·古索，及珍·古德博士，也相繼推動永續飲食，他們一致認為，吃當令、當地和有機生產的全食物，才是對人和土地最好的作為。

於是，歐美各國的有志之士陸續發起飲食革命，從學校營養午餐開始，拯救孩子的健康。一九九六年，艾麗絲·渥特斯在美國加州啟動「從種籽到餐桌」

計畫，在學校闢建菜園、廚房，讓孩子接近泥土，親自摘採、烹調美麗的蔬果，吃完整豐饒的作物。她讓學生知道，胡蘿蔔不是從超市來的，而是土地養大的；蘋果和柳橙長在樹上，而不是產自工廠出產的鋁箔包裡。

八年之後，英國廚師傑米‧奧利佛也發起「Feed Me Better」（給我好料）活動，訓練學校廚師，捨棄加工及油炸食品，改以有機鮮採的食材，做出滋味更勝披薩、漢堡的餐點，改造兩萬名倫敦學童的中餐。

一開始，學生頑固抵抗，「真是太難吃了！」他們故意在他面前吐掉食物，把蔬菜沙拉丟進垃圾桶裡，製作抗議標語要奧利佛滾蛋。不過，他不氣餒，想盡辦法引起注意，玩遊戲、教做菜，甚至提出獎金。半年之後，吃真食物帶來的健康效果逐漸顯現，終於感化學生和家長，並演變為全國響應的運動。「健康飲食」登上報紙頭條，一份三十萬人聯署的請願書，讓當時的首相布萊爾同意訂定校園飲食的新標準，並提撥二億八千萬英鎊來改善英國的營養午餐。

一個班級四十位學童，一所學校數千名學生，全食物的風潮悄悄從校園的廚房展開，成為蔓延全球的趨勢。如果連小學生都能明白吃真食物的好處，多吃蔬果少吃肉，堅定拒吃成分莫名的食品，那麼表示你我也一定做得到！

全穀類就是
最好的全食物

現代人的許多疾病，可能都與飲食過分精緻有關，
很多該有的營養都在精製過程中消失了。只有全食物才能提供全營養，
人類自作聰明的磨掉這、削去那，結果只是營養跟著大打折扣。

全穀類，是對抗疾病的能量

　　喜歡吃鬆軟的白飯、麵包，不碰五穀雜糧等全穀類，也是現代人漸漸流失免疫力的原因。因為，只有全食物才能提供全營養，人類自作聰明的磨掉這、削去那，結果只是營養跟著大打折扣。

　　全穀類就是最好的全食物，像是糙米、小米、燕麥、蕎麥、高粱等五穀雜糧，營養價值很高，含有構成細胞所需的蛋白質、能量的來源醣類、扮演免疫關鍵角色的礦物質和膳食纖維，以及非常豐富的維生素B群，如B1、B2、B6、B12和葉酸、菸鹼酸等，可以維護神經系統的穩

定，增加能量的代謝，舒緩緊張、穩定情緒，是最佳紓壓食物。

現代人生活在高度競爭的壓力鍋中，許多疾病如身心症、高血壓、胃潰瘍、甲狀腺機能亢進，多是壓力所造成，但也可能與飲食過分精緻有關，很多該有的營養都在精製過程中消失了。

譬如稻穀，脫去稻殼就是糙米，但大家嫌粗糙不好吃，所以進一步精製把表皮去除，就變成了胚芽米；還嫌不好吃，把胚芽也去除乾淨，就變成白白淨淨的白米了。一般所說的米糠，就是精製過程中去除的糙米表皮和胚芽，占糙米體積8％，精米——也就是胚乳——占92％。可是營養成分如維生素、檸檬酸的含量，表皮占29％，胚芽占66％，而胚乳只有5％。也就是說，95％的營養成分都在米糠中，而只吃白米的人把95％的營養成分都扔掉了，天天這樣吃，身體能不出問題嗎？

美國臨床營養學雜誌就指出，吃全穀類可以降低罹患數種慢性病的風險，包括癌症、糖尿病以及心血管疾病。

日本免疫學權威安保徹博士是糙米的擁護者，但他也是到五十四歲才開始吃糙米飯，發現效果驚人，才一個星期，「不僅腸道變得活躍、血液循環改善，排便多又順暢，而且臉色變好、皮膚也變光滑了。」三年後健康更大幅提升，由於糙米有飽足感，食量減少，體重減了十一公斤；血壓也穩定了，很少感冒，連過敏的老毛病都不藥而癒；更不可思議的是「個性也變了，不再毛躁，很少生氣」，顯然抗壓性也提高了。

其實只要張開嘴，就能發現人類天生就該以穀類為主食。成人的牙齒一共有三十二顆，其中就有二十顆是專門用來磨碎食物的，這樣的設計本來就是為了吃到多元的穀物，而且是全穀。

很多人不知道，吃全穀類也能攝取植化素，穀物裡的皂角苷和木質素，都有抑制癌細胞、降低膽固醇的功能，是最好的主食。以我自己的經驗來說，全穀應占每日飲食的30~40％，另外再吃30~40％的蔬菜水果、10~15％的豆類、堅果，以及10~15％的奶、蛋、魚、肉類。

吃不慣，打成米粥也可以

五穀雜糧雖然營養好，但口感較硬，我也是捱到最後一步才進行這項飲食革命。果然，改吃糙米飯沒多久，就發現健康狀況又有提升，於是堅定地執行下去。不過，家人卻不肯輕易妥協，孩子還小，隨我擺布，先生卻面有難色。EQ極好的他，為了避免爭議，每次開飯前，總會偷偷地蒸兩個白饅頭，自力救濟，也是無言的抗議！

白饅頭也是精緻食物啊！為了改變他的觀念，我使出主播的能耐，引經據典說了許多五穀飯的營養價值，但他絲毫不為所動。雖然是為他的健康著想，但如果為了吃五穀飯而在飯桌上起爭執，對健康的影響更大。後來我靈機一動，為什麼不把五穀飯打成米漿呢？

於是，我展開各種實驗，把糙米飯跟煮熟的黃豆加溫水一起打，就成了溫熱的豆米漿，不僅營養提升、口感更滑順；再加入黑芝麻粒，不僅增加維生素E和人體必需的脂肪酸，還補了鈣和鐵。最棒的是，他不僅乖乖地喝，還讚許為「幸福的滋味」，一點也沒察覺裡面有他討厭的糙米或五穀飯。口感的問題迎刃而解，他每天也能吃到適量的全穀類。

溫熱的豆穀漿也是充滿生機的精力湯，可以每天變換不同食材。放

入煮熟的紫薯，當天早餐就是奇幻的紫色米漿；選用紅心地瓜或南瓜，調出來的色澤便是鮮豔的橘色。最重要的是，番薯、南瓜都連皮一起打，保留更多植化素和膳食纖維，保證色、香、味俱全，營養百分百。當芋頭盛產，加入芋頭和梅汁蘿蔔乾打成鹹粥，也很受歡迎。在寒冷的冬天早晨，家人起床看到這一杯，眼睛瞬間就亮了，不用我催促，都歡歡喜喜地喝下肚呢！

巧妙混搭，有得天獨厚的飯香

除了打漿，我也研究出「煮好飯」的秘訣。首先，將米浸泡3~4小時，泡軟之後較易熟透；另外水量也要比純白米多加半杯到一杯，吃起來就不會硬澀。接著要注意穀類的比例，我一次加的穀類不會超過五種，其中糙米大概占一半，其他穀類如小米、薏仁、燕麥、蕎麥、野米和埃及豆、黑糯米等，則任選四種輪流替換，偶爾也加些白米增添口感。若無法馬上適應全穀飯，也可以從白米加糙米或胚芽米開始，一次增加一種，慢慢就能養成習慣。

有次一位義大利朋友來訪，送了一包手掌大的野米當贈品，我很好奇，當天就加入五穀飯裡煮，沒想到相當好吃，上網搜尋才知道野米其實是笈白筍的種籽，非常營養。另外，莧菜籽的鈣含量高，綠豆和紅豆雖然名字叫豆，卻是主食類，營養也很豐富。

多吃五穀雜糧，攝取到的營養絕非空有熱量的白飯可比擬。這也是全食物的好處：一物全體、豐富多元，才是真正的美食——美好的食物。

蔬果打造的
彩虹防護罩

蔬果能修補細胞回到正常狀態，還具有防癌、抗老的植化素，
可防止血管細胞病變，減少罹患各種慢性病和癌症的風險，
稱得上是全食物的最佳代表。

彩虹式蔬食，可降低癌症

　　除了全穀類和豆類、堅果之外，蔬菜水果更是全食物的首選。全世界的媽媽都苦口婆心要孩子多吃蔬果，這是人類代代相傳的智慧；而拜現代科學之賜，我們終於知道蔬果為什麼能抗癌防老，「多吃蔬果」也被認為是唯一可以被稱為普世真相的飲食法則。

　　蔬果防癌的觀念開始於一九八〇～九〇年代，可能是自從發明電冰箱，人們每天都能吃到新鮮蔬果，讓胃癌、食道癌的死亡率明顯降低，科學家們才開始關注蔬果的益處。後來的研究果然發現，蔬果吃下肚

後，首先受益的就是食道和胃，意即蔬果能修補細胞回到正常狀態。隨後又發現蔬果中具備防癌、抗老功效的物質，也就是五顏六色的植化素，這些抗氧化成分可以防止血管內部細胞病變，減少各種慢性疾病和癌症的風險。

流行病學調查顯示，每天吃蔬果多於四份，就有降低癌症的效果。於是，多吃蔬果就從九〇年代起，成為「全民飲食防癌」的新主軸，植化素更被譽為二十一世紀的維他命。一九九一年，美國發起「天天五蔬果」運動，五年後，癌症發生率每年下降0.7%，死亡率也降低0.5%。

台灣癌症基金會也從一九九九年開始，在台灣推行「天天五蔬果」運動。不過，由於食物精緻化，外食人口又不斷增加，各種因飲食不當所造成的慢性疾病，如肥胖、糖尿病、高血壓、心血管疾病，成為國人健康的殺手。於是，二〇〇四年，台灣癌症基金會又將攝取量提高為「蔬果五七九」，鼓勵六歲以下的兒童一天至少吃五份蔬果，學童和女性吃七份，青少年和男性則要吃到九份；並且要盡可能吃到各種不同顏色的蔬果，因為不同顏色的蔬果含有不同的植化素。這就是「蔬果彩虹五七九」的概念。

至於「一份」是多少呢？通常是100公克，生菜一份大約是一碗，熟菜則約為半碗；切好的水果一份約150克，相當於一個拳頭或一飯碗。

天然食材，才能發揮協同作用

只可惜，我們吃蔬果也像吃全穀一樣，常把最營養的部分給扔了。

蔬果的皮是植物抵擋風吹、日曬、蟲咬的防護罩，也是植化素最豐富的部位；果核、種籽是植物繁衍生命的中心，含有最密集的營養成分。所以攝取蔬果最好的方式，就是連皮帶籽吃全食物。

或許你會懷疑，有必要為了植化素去吃香蕉皮嗎？可是，市面上的飲料或健康食品所標榜的茄紅素、花青素或多醣體，打的不正是植化素的名號嗎？現代人常貪圖方便，以為包裝上有提到的，就一定有效，其實，天然ㄟ尚好！

世界癌症研究基金會（WCRF）所定出全球最具權威的癌症預防建議，其中一條就是：「不要用營養保健食品來預防癌症。研究顯示，高劑量的營養保健食品和罹癌機率有相關性，最好以均衡飲食來取代保健食品。」

單一營養素或植化素，不論是合成或從植物萃取，都不足取。要攝取 β-胡蘿蔔素，倒不如直接吃胡蘿蔔，因為胡蘿蔔還有其他成分，可以協同防止癌症發生。生命不能重新組裝，從天然食材攝取的營養，才能真正發揮「協同作用」，讓人體完全吸收蔬果的精華。

註：哪些皮能吃，哪些皮不能吃，可以根據傳統和常識判斷，也可以上網、找書查詢。芒果皮、柿子皮、荸薺皮、馬鈴薯皮、芋頭皮不建議吃，我也不吃木瓜皮和籽。有朋友將奇異果連皮下去打，我對那細毛還是有些顧慮。安．威格摩爾把西瓜青色的皮一起打成汁，我也試過，但很難吃。所以，覺得不好吃、不太安心的食材，就不要勉強吃。

植化素的分類與功能

大類	種類	功能
類黃酮素	檞皮素、芸香素、兒茶素 木犀草素、花青素、白藜蘆醇	抗發炎、抗菌、抗氧化防癌（乳癌、卵巢癌）、降低血脂及膽固醇
類胡蘿蔔素	胡蘿蔔素、葉黃素、玉米黃素 隱黃素、辣椒紅素、茄紅素	清除自由基、轉化成維生素A保護心血管、維護視力（視紫、視網膜老化）、抑制腫瘤成長
酚酸類	綠原酸、阿魏酸 沒食子酸、鞣花酸	鍵結於細胞壁釋出後可抓住自由基，預防冠心病、動脈硬化、癌症（消化道癌症、肺癌、肝癌）、減緩糖尿病症狀
有機硫化物	蒜素、麩胱甘肽 蘿蔔硫素、吲哚	帶有特殊氣味，可抵抗來自陽光、空氣污染的破壞、預防癌變（乳癌、前列腺癌）、提高肝臟解毒功能、預防動脈硬化
植物性雌激素	木酚素、異黃酮素、豆香雌酚	雙向調節雌性激素、預防骨質疏鬆、降低乳癌與結腸癌風險
其他	麥胚固醇、葉綠素、檸檬酸烯、檸檬苦素、皂素、苦瓜苷、薯蕷皂素	各有不同功效（降血糖、降血脂、抑制腫瘤與防癌）

五色蔬果功能表

五色蔬果	代表食物	主要的植化素	主要生理功效
紅色蔬果	紅鳳菜、紅甜椒、甜菜根、紅番茄 紅蘿蔔、紅櫻桃、紅辣椒、蔓越莓 紅蘋果、紅石榴、西瓜、草莓、紅李	茄紅素 檞皮素 花青素	降低罹癌風險 強化心血管 強化黏膜組織 避免泌尿道感染
黃／橘色蔬果	南瓜、玉米、地瓜、薑、甜蘿蔔 黃豆及其製品、木瓜、柑橘、鳳梨 葡萄柚、黃桃、芒果、柿子	胡蘿蔔素 玉米黃素 類黃酮素	降低罹癌風險 強化心血管 維持視力健康 提高免疫功能
綠色蔬果	花椰菜、蘆筍、菠菜、芥菜、韭菜 莧菜、芹菜、青蔥、地瓜葉 四季豆、九層塔、青椒、奇異果 芭樂、酪梨、綠茶	類胡蘿蔔素 吲哚 麩胱甘肽	維持視力健康 降低罹癌風險 強化骨骼與牙齒
藍／紫色蔬果	海藻類、黑木耳、紫甘藍、香菇 黑豆、芝麻、茄子、 紫葡萄、藍莓、黑棗	類黃酮素 花青素	降低罹癌風險 強化泌尿系統 維持記憶力 抗老化
白色蔬果	大蒜、白菜、白花椰菜 包心菜、白蘿蔔、洋蔥、蘑菇 美白菇、山藥、百合、杏仁 香蕉、水梨、柚子	蒜素、多酚、花青素 微量元素硒 植物性雌激素	強化心血管 降低膽固醇 降低罹癌風險 提高新陳代謝

（癌症關懷基金會提供）

連皮帶籽打成汁，
吃進營養最大值

最多的營養，就藏在天然蔬果和全穀的皮和籽裡。
一天裡有一餐以攪碎的方式，將天然食材打成精力湯，
就能輕鬆吃進皮和籽富含的植化素、維生素、膳食纖維和各種礦物質及微量元素。

藏在皮和籽裡的健康祕密

吃全食物，最好是連皮帶籽打成精力湯，把所有營養全部吃下去。

天然的蔬果和全穀，是老天賞賜的保健抗癌聖品，最多的營養就藏在皮和籽裡。尤其是被稱為「二十一世紀維他命」的植化素，在皮和籽裡含量最多，具有抗氧化的功能，可以清除人體內有害的自由基、預防癌症和慢性疾病。

例如，葡萄皮含有能抗癌的白藜蘆醇、能預防腦血管疾病的單寧；葡萄籽含有花青素，具有抗氧化、增強肝機能、保護心血管等功效。

但大家通常只吃果肉，卻把營養豐富的皮和籽吐掉。一顆蘋果蘊藏了三百八十九種植化素，其中多數存在皮中，削掉了皮，營養就損失很多；一根紅蘿蔔也有四百九十多種植化素，當然，薄薄的皮和皮下含量最多。

有句俗話說：「失戀要吃香蕉皮。」因為那滋味又苦又澀，只有親自嚐過才知道。現在想來，古人可不是在開玩笑，綠色香蕉皮富含可調節情緒的5HP（血清素前驅物），可以抗憂鬱；成熟的黃色果皮帶有葉黃素、類胡蘿蔔素等植化素，對視網膜有益處。遠離悲傷，把眼光放遠一點，香蕉皮果然是很好的療傷聖品呢！我的營養師朋友黃翠華常常把香蕉連皮加入精力湯一起打，她說只加半條，其實味道不錯，先生孩子都沒有抗議呢！

除了皮，果核和種籽的營養也不遑多讓。果核是蘋果、梨子等水果能量最強的地方，北半球除了柑橘類水果的種籽之外，其他種籽都含有B17，又稱苦杏素，具有殺死癌細胞的作用（但亦有微毒，一顆的種籽剛剛好，不可多吃），搭配含酵素的蔬果如鳳梨食用，效果更好。南瓜籽和許多種籽都含有多種微量元素，如鋅、鐵、硒等，都是身體生化作用不可缺少的營養素。

粗糧可以細作，充分攪碎最滋養

皮和籽固然是營養之寶，但是皮層纖維粗糙，籽核堅硬又卡牙，咬起來很辛苦。我有一位長輩，聽說葡萄籽含有花青素，便卯起來用牙齒

咬，結果把牙給咬崩了，損失不貲。我也曾經試著連皮吃番薯，還真覺得自己像是豬在啃食物！吃，需要這麼悲情嗎？

其實，粗糧可以細作，全食物也能變成美味佳餚。生機飲食的始祖安‧威格摩博士認為，將食物攪碎，是最能夠保留營養、又最容易消化吸收的方法。她不僅用這個方法治好了自己的直腸癌、氣喘、關節炎和偏頭痛等許多毛病，還設立療養中心，收容許多病危或無家可歸的重症病人，並且到處演講，宣揚她這套生機飲食法——The Living Food of Livestyle。

根據安博士的觀察，對老人家、病人和腸胃不良的人來說，用全食物打成精力湯更是最好的滋養方法，因為它等於預先消化，幫你先咀嚼到非常細緻，所以很容易消化吸收。既解決了營養吸收的問題，又可以增強自癒力，加速康復的速度。我以前吃得不對，工作壓力又大，經常胃痛。自從每天至少一餐喝精力湯之後，腸胃狀況真的改善不少，再也不用吞一堆胃藥了。

有一位讀者告訴我，她讀小學的女兒常常喊肚子痛，帶去看醫生，發現是便秘惹的禍。媽媽二話不說，買了我推薦的調理機，開始打精力湯，結果女兒很快就排便順暢，從此不再喊肚子痛；而且感冒次數慢慢變少了，連鼻子過敏也改善不少。女兒從此成了精力湯信徒，每天一定要來上一杯。

細嚼慢嚥本來就是吃飯的基本功，一口食物最好咀嚼30~100下，最能防止肥胖、幫助消化，而且嚼得越久，越能領略食物的滋味。但是現代人吃飯像趕場，根本難以做到。所以，一天裡能有一餐以Blending

（攪碎）的方式，將天然食材打成精力湯，難嚼的皮、籽、堅果與穀類，不到五分鐘就被打碎成漿，只要一口一口慢慢喝，讓湯汁與唾液充分混合，不必費力就能吃到上千種植化素、維生素、豐富的膳食纖維和各種礦物質、微量元素等完整的營養。有位朋友笑說：「實在太方便了，終於不用學牛吃草了。」

營養百搭最美味，均衡多元有綜效

精力湯的調製省力又簡單，每位媽媽都能變身健康吧高手，自然界的數百種蔬果豆穀都能入湯，只要味道調得好，絕對是營養均衡的超值全餐。

還記得有一次到土城市公所演講，我現場示範精力湯，桌上擺了苜宿芽、甜菜根、堅果、鳳梨和蘋果等食材，看起來不起眼，個別吃又讓人聯想到荒島求生記。然而，全部加在一起攪打，立刻變身色澤鮮豔的「紅粉佳人」精力湯。「好漂亮，看起來很好喝哩！」「流口水囉！」瞬間，大家的眼睛都亮了。

鳳梨富含維生素C和酵素，甜菜根補血保肝，芽菜也很營養；未經加工、烹調，保持在最原始的狀態，充滿生機與能量。全部攪碎成汁，不僅能吃到珍貴的酵素，又不會破壞蔬果的維生素、礦物質，最重要的是解決了口感的問題。很多人驚嘆，原來健康可以這麼美味。

此外，由於營養免疫學的各種發現，許多頂尖的癌症專家開始在療程中加入營養豐富的食材。但是醫生們發現，單一植物性食物的抗癌功

效並無法帶來理想的治療效果，藥物又含有副作用，因此他們建議，均衡多元地攝取有益健康的全食物，才能發揮各種營養均衡搭配所產生的綜效，是提升免疫力對抗疾病最好的方法。

營養學家也發現，如果在一餐裡吃到均衡多元的營養，比較容易有飽足感，不會有過量飲食導致的肥胖問題。所以，每天喝一杯營養均衡的全食物精力湯，就等於是為自己進行綜合了各種抗氧化劑（植化素）、維生素、礦物質、酵素、膳食纖維的雞尾酒療法，是最天然、最先進、最有效、最省錢的營養補充法。

吃真食物，感覺真幸福

全食物精力湯還能確保你吃到的是真正的食物。我們家每天的早餐都是一杯精力湯，為了變化口味，我會花更多心思在採買上，比以前更加注重食物的品質，這才發現，老天爺賞給我們的寶物還真多呢！

每個季節自有不同的風味，更替著吃，絕對吃不膩，還能吸收到多元的營養，非但不麻煩，還讓料理變得有趣。仔細想想，每天全心全意為家人準備特調飲品，不也是一種幸福嗎？

現在，我家的冰箱就像是有機雜貨店，成排的保鮮罐裝有松子、杏仁、腰果、糙米、小米等各式豆穀，以及洗切好的各色蔬果盒。想吃什麼，只需打開冰箱瞧兩眼，順手抓幾樣食材，「咚、咚、咚」丟進調理機一攪，馬上就能即興創作精力湯，比泡麵還方便，也讓家人少了吃零食、點心變胖的風險。

「媽，我肚子餓了。」每次聽到兒子一喊餓，我就去廚房施展魔法，很多食譜的創意都是這麼來的。有一天我將晚餐沒吃完的五穀飯，與黑芝麻、冰糖和熱水，一起打成芝麻糊，給兒子當點心，他高興得不得了，還把這件事寫進聯絡簿裡：「媽媽今天打芝麻糊給我吃，好開心！」隔天他興奮地說，老師畫了一個幸福的笑臉給他呢！

　　每個人都知道健康飲食很重要，但唯有方便與美味，才能讓人發自內心愛上全食物。只要順應天氣和個人體質，找出全家喜愛的味道，夏天可喝清爽香甜的蔬果精力湯，冬天選擇溫熱濃郁的豆穀漿，多下點功夫，了解食物的功效與特性，每個人都能調出屬於自己家的「原味」。

體內的環保大師
——膳食纖維

膳食纖維是人體大掃除最重要的工具，可以將堆積在體內的廢物、毒素，
俐落地清除乾淨。而天然的蔬果、豆穀、堅果和海藻，
都富含膳食纖維，尤以粗糙的表皮、麩皮、種籽含量最多。

腸道的清潔隊，天然的益菌生

把全食物連皮帶籽打成精力湯的另一個重要理由，就是為了補充足夠的膳食纖維。膳食纖維是人體大掃除最重要的工具，可以清血脂、排宿便，將堆積在體內的廢物、毒素，俐落地清除乾淨，稱它為「體內環保大師」，一點也不為過。

膳食纖維只存在於植物性食物中。它是由非常複雜的碳水化合物分子構成，幾乎不能被人體消化吸收，卻可以預防便秘、肥胖、大腸癌、乳癌和胰臟癌，降低腸躁症。事實上，許多醫學研究發現，膳食纖維已

經成為防癌的有力武器。

　　飲食長期缺乏膳食纖維，又吃了太多燒烤肉食，讓有毒物質在腸道停留太久，就可能導致癌症。台中一名十四歲的國中生，肚子痛去醫院檢查，竟發現是大腸癌末期，短短四個月就病情惡化，離開人世。後來才知道，這個小孩從小學二年級開始，每天放學都到香腸攤報到，一天一根烤香腸，膳食纖維又攝取不夠，還來不及預防，悲劇就發生了。

　　膳食纖維可以分為可溶性纖維和非可溶性纖維。可溶性纖維吸收水分後，會在消化道中膨脹成濃稠膠體，像燕麥、堅果、豆子、木耳、蘋果、香蕉、愛玉等含較多可溶性纖維；非可溶性纖維則不會跟水結合形成纖維團，像糙米、全麥、小米等。不過，大部分蔬果通常兩者都有。

　　早在一九七九年，英國Burkitt博士就發現，膳食纖維對大腸癌有抑制作用。因為本質粗糙的非可溶性纖維，可以吸附大腸中的致癌物質，連帶其他雜物一起排出體外，所以能防止腸癌的發生。同時，可溶性纖維是大腸內數十億好菌的養料，把好菌養壯了，它們就能幫助人體抵禦壞菌，調節腸道生態，預防各種疾病，是天然的益菌生。

　　膳食纖維既是消化道的環保功臣，又能降低肝臟中的膽固醇。這是因為非可溶性纖維會吸附膽汁中的膽鹽，使膽鹽無法在小腸末端被肝臟回收反覆使用，肝臟於是必須利用貯存的膽固醇製造成膽鹽，因而降低血中膽固醇的含量，所以可預防高血壓和心臟病。另外，可溶性纖維還能使體內的葡萄糖緩慢吸收、釋放，降低人體對胰島素的需求，有助於糖尿病的控制和預防。

預防肥胖和便秘，維持好身材

　　膳食纖維本身幾乎沒有熱量，卻能延緩胃排空的速度，讓食物在胃中停留較久的時間，維持飽足感，延緩血糖快速上升。如此一來，就不會那麼快感到飢餓，也不會一次吃下太多東西，還能減少油脂在小腸中的消化吸收，所以能控制體重、維持好身材。美國南加大傑米・戴維斯博士的研究也發現，體態正常的人和過胖的人相比，飲食中多了33％的膳食纖維。我這麼多年來身材始終沒有走樣，應該也和我每天喝全食物精力湯，攝取足夠的膳食纖維有關吧！

　　肥胖和便秘是萬病之源，吃太多又排不出去，熱量和脂肪轉成毒素堆積在體內，就會產生各種代謝問題，甚至引發肥胖、痔瘡、腸躁症、癌症、心臟病、糖尿病。而多吃膳食纖維就可以有效預防這些疾病。

　　行政院衛生署和美國癌症研究中心建議，成人每天應該攝取20~35公克膳食纖維，小孩的建議量則是年齡加上5公克。不過，最新研究則認為合理的攝取量應該提高到30~35公克，而我們的老祖宗每天的攝取量是50~100公克。有些專家認為，攝取過多膳食纖維會妨礙鐵質和其他礦物質的吸收，不過最近一項大規模的研究已證實這兩者並無相關。

吃全食物，體內體外皆環保

　　天然的蔬、果、豆、穀、堅果和海藻，都含有豐富的膳食纖維，尤其粗糙的蔬果表皮、麩皮、種籽，是含量最多的部位。蔬菜最好根、莖、葉一起吃；水果則建議連皮帶籽食用；主食類應以糙米、五穀、全

麥取代白米飯、白麵包。至於市面常見標榜高纖的飲料、餅乾等食品，實際上膳食纖維的含量很少，並不能用來取代全食物。從我開始研究飲食以來，大自然的智慧一再讓我深深折服，全食物就是一個例子，它包含了各種人體必需的營養，有些到現在我們還無法完全明白。

例如，在膳食纖維流行以前，人們總以為竹筍、金針菇都是纖維，沒有多大的用處，現在才知道膳食纖維原來是寶。尤其許多人喝果汁喜歡榨汁，把渣都丟掉或拿去種花，我以前也這樣，後來才知道渣渣原來是寶。尤其我看過一些專家的報告，他們把這些渣拿去化驗，才發現很多維生素、礦物質還黏存在渣上，有時甚至比我們吃進去的還多，真是暴殄天物。所以，連皮帶籽吃全食物，不僅體內環保，體外也環保，一方面資源充分利用，又能減少垃圾量，真是一舉數得，何樂不為。

根據統計，國人每天蔬果平均吃不到五份，膳食纖維攝取量大約14克，距離標準值還遠得很。平均而言，半碗蔬菜（煮過）、一份水果（一個中型蘋果或柳橙）、或是一份全穀主食（一片全麥土司），可以提供2克膳食纖維。換句話說，如果每天只吃三份蔬菜、兩份水果，即使三餐都吃全穀類，膳食纖維的攝取量還是不夠，更何況許多人連吃三份蔬菜、兩份水果都做不到。我建議可以每天喝一杯精力湯或蔬果泥，方便吃到全食物的全營養，又能輕輕鬆鬆做好體內環保。

英國BBC的一項實驗就發現，要改善腸內好菌菌叢，效果最好的就是喝含有纖維的全蔬果汁，其次是吃高纖食物（益菌生），再其次才是喝含好菌的優格。你有肥胖、便秘、痔瘡、腸躁、高血糖、高膽固醇的困擾嗎？趕快試試全食物精力湯！

你的飲食金字塔
是正三角嗎？

精製食物會擾亂體內的葡萄糖和胰島素濃度，讓血糖急速升降，

熱量吸收得快，也餓得快，又缺乏主要營養素，滿足不了細胞的渴望。

多吃全穀類搭配大量的蔬菜水果，才是日常飲食最重要的基礎。

吃什麼，和吃多少一樣重要

把全食物打成精力湯的另一個理由是：能保證吃到足量的植物性食物。要保持健康，「吃什麼」和「吃多少」一樣重要。很多人都說：「我有吃青菜水果呀！」但是你吃到足夠的量了嗎？整體的比例對嗎？

我每回演講，只要秀出一張美國哈佛大學健康管理學院二〇〇八年公布的飲食金字塔圖表（見右頁圖），台下總是一陣驚呼，不用多費言詞，大家一看就知道自己吃錯了。

「哇！我完全吃錯了！」

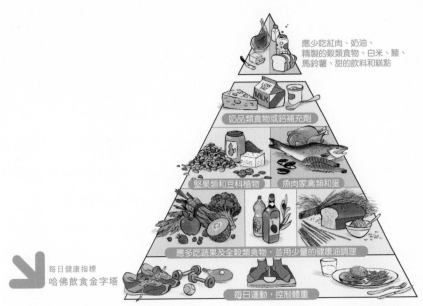

應少吃紅肉、奶油、
精製的穀類食物、白米、麵、
馬鈴薯、甜的飲料和糕點

奶品類食物或鈣補充劑

堅果類和豆科植物　　魚肉家禽類和蛋

應多吃蔬果及全穀類食物，並用少量的健康油調理

每日健康指標
哈佛飲食金字塔

每日運動、控制體重

資料來源：哈佛大學公共健康學院設計
Copyright © 2008 Harvard University.

「天哪！我吃成倒三角了！」

錯愕之餘，許多人連忙掏出紙筆，仔細回想一天之中到底吃下了什麼：漢堡、奶茶、排骨飯、牛肉麵，外加一塊巧克力蛋糕……那麼，最重要的蔬菜水果呢？只見有人搔搔頭，不好意思地回答：「大概就是夾在漢堡裡的一葉青菜、吃麵配的一碟小菜，以及飯後一顆橘子吧！」旁人跟著點頭，表示他也這樣吃，接著又搖頭，終於知道自己吃錯了。

飲食金字塔，導正錯誤的營養認知

這個飲食金字塔，完全修正了過去以精製穀類為主食的概念，鼓勵人們多吃有益健康的全穀類搭配大量的蔬菜水果，作為日常飲食最重要的基礎。至於蛋白質來源，豆類和堅果等植物性蛋白質，與魚、雞（白

肉）和蛋等動物性蛋白質，平分秋色，同樣重要。最有趣的是上面那個割裂的小三角，包括了紅肉、奶油、白米、白麵、甜點、飲料，都是應該少吃、甚至完全不吃的，卻也是一般人吃得最多的。

從小到大吃慣了的白米飯、早餐常吃的香噴噴的麵包、蛋糕，為什麼全變成必須少吃、甚至不碰的食物？這是因為精製的碳水化合物，如麵包、白米飯、義大利麵等，會擾亂體內的葡萄糖和胰島素濃度，讓血糖急速上升，又陡然下降，熱量吸收得快，也餓得快，讓人不知不覺越吃越多。但是，精製食物又缺乏主要營養素，滿足不了細胞的渴望，結果就是吃得多、營養少，只有身體疲勞度和體重增加。

同時，堅果、豆類所提供的植物性蛋白質，也被認為優於動物性蛋白質。堅果、豆類每天應攝取一～三份；魚肉、家禽、蛋類則建議吃〇～二份就好，也就是不吃也行。人體每天的蛋白質需求量並不多，成人約是1（g）×體重（kg），兒童則是2（g）×體重（kg）。也就是體重60公斤的大人，一天只需要60公克蛋白質，通常一杯豆漿、幾顆堅果，加上一塊瘦肉或魚就已足夠，不用擔心營養不良的問題。倒是動物性蛋白質過剩會增加腎臟負擔，也提高罹癌的風險。所以，吃太好不是富貴命，而是在洗腎和心臟病、糖尿病的風險中強求健康。

全食物協同作用，合奏健康交響曲

飲食金字塔的概念，正與我提倡的全食物飲食法不謀而合！蔬菜、水果和全穀類食物不僅是我們能量的來源，更富含維生素、礦物質、植

化素和膳食纖維，是協助細胞對抗自由基，提高免疫力不可或缺的營養素，就像身體的防護罩，防癌又抗老，應該吃得最多。至於豆類和堅果類，不僅提供優質蛋白質，也提供身體必需的不飽和脂肪酸，是修復體質和成長不可或缺的營養。這些來自大自然的全食物應該占我們日常飲食的80％以上，其他只要再補充一點魚、蛋、海鮮或少許肉就夠了。

但大部分人正好相反，白飯和紅肉、白肉、海鮮成為餐盤主角，占據了最大一部分，再加少許蔬菜點綴一下；有些還怕身體負擔不夠重，繼續加上糖水飲料和大塊甜點。飽餐一頓，打出一個滿意的飽嗝，可是胃、腸、肝、腎卻開始辛苦地工作，甚至唱起悲歌。

什麼該吃、什麼不該吃？份量多少？這張圖說得清清楚楚。更妙的是，全穀、蔬果、豆類、堅果這些全食物每一樣都含有數十、甚至上百種營養素，而且呈現完美的組合；除了纖維、植化素之外，還有豐富的維生素、礦物質、酶、輔酶和其他許多有益人體的化合物。當它們合在一起進入我們的身體，更能發揮協同作用，就像不同的音符，各就各位，合奏出一首健康交響曲。

如果蔬果吃得不夠，或是皮堅籽硬難以下嚥，我建議最簡單省力的方法，就是打成精力湯。將各種當季食材仔細清洗、切塊、適當處理後，丟進食物調理機，不到五分鐘就做好早餐，吃得到全穀、蔬果、豆類、堅果、種籽等囊括主要營養素的食物，一天一杯，飲食很快就調成「正三角」，吃全食物一點都不難呢！

寒熱平衡，
滋養每一天

我一開始打精力湯，就注意到食材的寒熱搭配，
設計每一道食譜，都會特別去查食物屬性，以調製出寒熱平衡的配方，
十多年來每天喝，只覺氣色精神越養越好，還不曾出現胃寒氣虛等狀況呢！

精力湯太生冷，腸胃受不了？

　　「精力湯不能喝呀！腸胃會受不了喔！」還記得早些年嘗試喝精力湯時，我小姑曾跳出來極力反對。她是中醫師，認為精力湯多是生冷的蔬果打汁，長期喝身體會變得太寒，反而傷身。

　　多虧她的叮嚀，我一開始打精力湯就注意到食材的寒熱搭配，設計每一道精力湯食譜，都會特別去查食物屬性。例如，苜蓿芽、甜菜根較寒，就加些核桃、杏仁等偏熱的堅果中和，再放入平性的鳳梨、溫性的蘋果，合在一起就是寒熱平衡的「紅粉佳人」精力湯。掌握了食材搭配

的訣竅，十多年來我每天喝，只覺氣色精神越養越好，還不曾出現胃寒氣虛等狀況呢！

　　古人的智慧是上千年的生活經驗累積，所謂「正月蔥、二月韭」，蔥、韭都是熱性食物，在春天多吃，有助於春陽舒展；正月養肝，綠色入肝，多吃綠色蔬果，可激發生機。至於夏天就要養心，紅色入心，夏天恰是西瓜盛產期，清熱解暑。其實，這些道理小時候都聽媽媽說過：「白菜、冬瓜偏寒，『冷底』的人不能吃太多。」後來坐月子的時候也被告誡要吃高麗菜，不要吃白菜，就是因為前者較溫，後者較寒。

根據體質，調製自己的專屬配方

　　所謂「實踐檢驗真理」，抱著神農嚐百草的精神，我綜合吸收各家長處，摸索出對自己最好的飲食方法。有一陣子我老打嗝，仔細追究才發現，原來全食物精力湯喝太快也會有影響，即便是「喝」，也要讓湯汁與唾液充分混合，腸胃才好消化。另外，天冷時喝蔬果精力湯，我有時會流清涕，代表身體正在排寒氣，可能是涼性食材過多。於是，下次我就會準備多一點的溫熱食材調和，要不就改打熱的豆穀漿，享受堅果與穀類混合的暖暖甜香。生理期我也不吃生食，改喝用黑糖燒的紅豆湯打成的紅豆漿，補血去濕。

　　中醫師陳美君提醒，陽虛體質，心、脾、腎的功能較差，也就是常四肢冰冷、面色蒼白。或有腸鳴、水腫的人，喝精力湯要慎選食材，不宜吃太多芽菜、瓜果，以免更傷元氣。若是擔心涼冷傷胃，我建議前一

晚將蔬果拿出冰箱，早上就可以喝到室溫的精力湯。如果天氣冷又想喝蔬果精力湯，或者蔬果剛從冰箱取出，我則會加攝氏四十度左右的溫水來打。體質虛寒的人還可以加薑片、龍眼、芝麻，或是將糙米炒過一起打。我試過蔬果汁加薑片，每人約3克，味道相當不錯，還有助於改善體寒流涕的現象，預防關節疼痛。

剛開始若不知如何下手，不妨參考食物屬性對照表，就像看流行雜誌學穿衣一樣，多查幾回，每個人都能創造自己的搭配風格。

吃錯是毒藥，搭對了才是還魂湯

留心各種症狀和訊息，才能選出最匹配的食物，滋養自己。天和生物董事長劉天和，就曾經因為錯誤的精力湯，喝到腳不能行。「以大黃瓜、小黃瓜、芹菜、青椒和苦瓜打汁，每天早上起床就喝兩大杯，連續喝了兩、三年，結果兩腿痠軟，走路都有困難。」

他搖頭說，因為大腸癌開刀，大腸被完全切除，醫師截取部分小腸取代大腸，可是兩者的功能不同，食物經常無法吸收，而且排便困難。

「我一聽到精力湯可幫助排便，二話不說就照著喝，直到無法爬樓梯，才警覺不對。」後來他聽從中醫建議，多吃溫熱食材如薑片、堅果，慢慢調整，體力才逐漸恢復，現在每天生龍活虎的，到澎湖視察漁場，走得比年輕員工還快呢！

不過他沒被精力湯嚇到，反而學會了正確的喝法，兼顧六大類食物的營養。現在每天早上，劉太太都會打一杯讓他當早餐。「將有機南瓜

蒸熟之後，連皮帶籽打成全南瓜湯，養生又美味；如果要打蔬果汁，也會加些堅果，平衡一下。」此外，蔬果的皮為陽，果肉偏陰，連皮帶籽吃全食物也有助於陰陽平衡。多年來，他都連皮帶籽打蔬果汁，補充多元的植化素和膳食纖維，就連削下來的鳳梨皮，太太也用來熬高湯，滋味出奇的清甜呢！

你屬於哪一種體質？

中醫師蕭永和表示，一個人的體質寒熱，可以從血壓和脈搏數來判斷：

高血壓－低血壓＋心跳脈搏數

得出的數字超過120，多屬躁熱陰虛體質；

數字低於100者，則為寒性陽虛體質。

■ 寒冷體質：

常見症狀為臉色蒼白、有黑眼圈、手腳冰冷、貧血、低血壓、大便稀、小便量多色淡、唇色淡、舌苔白潤、虛弱怕冷、鼻子會過敏、喜熱飲、不愛說話、精神萎靡、婦女生理期常延遲等。虛寒需要溫補，宜選擇偏甘平、溫熱食材如核桃、南瓜、龍眼等，多有滋補元氣、養心安神的功用。

■ 溫熱體質：

常見症狀為臉色潮紅、體溫較高、經常口乾舌燥、口苦、口臭、小便量少色黃、經常便秘、舌苔較厚偏黃、晨起有眼屎、眼睛有血絲、容易流汗、煩燥不安、婦女生理期常提前等。燥熱要用涼補，宜選擇平性或涼性食材，多吃青菜水果或利水食物。但太甜的水果容易上火，不宜多吃。

自然有機，
才能吃出生機

人類其實也吃得出自然、有機蔬果的好，

只是味覺長久以來都被大量的加工食品和調味料養壞了，

舌頭反而品嚐不出真食物的美味，進而遺失潛藏在基因中、企求健康的本能。

假食物如何換來真健康？

歌手蕭煌奇有一首歌：「眼前的黑不是黑，你說的白是什麼白？」
而我每次走進超市都會想問，眼前的雞是不是雞？架上一整排的商品，
到底是不是真的食物？

鮮豔紅嫩的小番茄看起來很美味，卻有可能是農藥和化肥澆灌長大
的；雞肉被認為是最好的蛋白質來源，但是如果在養殖過程中，被過量
施打抗生素、荷爾蒙，又是吃基因改造的穀類長大，這個「好」是否該
重新定義？

「有些事情，知道越多越害怕，那些東西真的能吃嗎？」十二年前罹癌之後，就致力經營有機產業的劉天和憂心忡忡地說。仔細探究現在魚、蝦、雞、豬，以及蔬果的「養成」歷程，想想那些狹小髒亂的養殖環境、違反自然的人為干預，以及為了保鮮添加的化學藥劑，實在很難接受那是人類要吃下肚的食物。

　　有人問劉天和為什麼要吃有機食物，既昂貴長相又欠佳。他則反問：大量而廉價的食物，真的便宜嗎？所謂的低價，是不是拿土地和健康去換來的呢？

　　生病前，他是電子公司老闆，每天的生活就是工作、做生意、應酬，毫不忌口，走到哪吃到哪。「從來沒想過這些食物從哪裡來？對身體有沒有害？」懵懂，什麼都能下肚；一旦清醒，親身去探究真相，他才明白從前吃下了多少毒。

　　為了抗癌，他現在吃東西非常小心，幾乎只吃自己農場生產的食物。「蔬果要有機、不灑農藥，我才放心連皮吃。」他現在絕少外食，如果要出差，一定將新鮮食材帶著走。每次到澎湖去，他的員工都知道，老闆一定連米都裝進行李箱。「跟癌症的痛比起來，堅持吃好的食材，一點都不麻煩。」

吃有機食物，是動物天生的本能

　　我提倡吃全食物，因為要連皮帶籽食用，不少人一聽到就猛搖頭：「有農藥，千萬不可！」但其實有些農藥撒在幼株上、埋在土裡，去掉

外皮，吃的還是農藥化肥養大的東西。台大園藝博士林碧霞表示，含氮化肥用得多，會導致蔬果當中累積大量硝酸鹽，經年累月下來，也會增加罹患癌症的風險。

因此，最好選擇以自然農法種植的蔬果，尤其精力湯的芽菜、蔬果多是生食，選擇無毒的好食物，使用上也比較能安心。

我也會到傳統市場購買附近農民自己種的菜，像是地瓜葉、紅鳳菜、空心菜、A菜、山茼蒿等不需要農藥就能長得好的青菜；此外，當季生產的蔬果，營養價值高、價錢便宜、農藥又少，也是我採買的對象。分散風險也是個好策略，輪流跟不同攤位買菜，避免長期吃相同的殘留物而累積成毒。

其實，動物天生就具備尋找好食物的本能，珍・古德博士在《用心飲食》書中提到，嗅覺和味覺比較敏銳的動物，可以從餵養員供給的一堆蔬果中，選出有機的食物來吃。哥本哈根動物園的飼養員還觀察到，拿有機香蕉給黑猩猩吃，牠們會連皮吃下；如果給的不是有機香蕉，牠們第一個反應就是剝皮再吃。

人類其實也吃得出自然、有機蔬果的好，只是味覺長久以來都被大量的加工食品和調味料養壞了，舌頭反而品嚐不出真食物的美味，進而遺失潛藏在基因中，企求健康的本能。

我先生從前大魚大肉的，青菜蘿蔔吃起來都一個樣，但自從調整飲食習慣之後，味蕾變清淡了，現在很能嚼得出菜根香，每次被他稱讚美味的菜，鐵定是有機或自然種植的。

土地健康，活在這裡的人才會健康

　　為了瞭解自然和有機農作，我曾經到日本和德國考察，並且住在有機農場裡。在日本MOA大仁有機農場參觀時，工作人員拿起一根竹竿要我往旁邊的田地插下去。我用盡全身力氣往下插，心想大概只能插十公分吧！哪知竟然不需要很費力、竹竿就一節節縮短，一量竟輕輕鬆鬆插下一百公分，聽說還有人締造過一百八十公分的紀錄。工作人員說：「因為植物的根把土弄鬆了，所以竹竿可以輕鬆地插進土中。」

他指著旁邊一大片白蘿蔔田說：「一個多月前一場颱風，把莖和葉全吹光了，整片田光溜溜的。但只要根強壯，你看現在長得多茂盛，再過不久就可以收成了。」他又要我看一盆栽在木箱上的青菜，莖和葉伸出土面頂多二十公分，轉到背面，木箱變成了玻璃，可以看到土中細細的根系一直延伸到箱底，大約有一百公分。「這是因為箱子只有這麼高，要不然根還可以往下伸。」鬆軟的土壤、強壯的根系，讓植物吸飽了泥土中的有機物質，當然健康又營養。

「快來看我的堆肥！」我在德國參觀有機葡萄園，農場主人最得意的就是葡萄園邊那一大堆蓋著稻草、聞起來有點異味的堆肥。他驕傲地說：「堆肥的九種材料全部來自農場，符合歐洲有機農業的最高標準。」接著，他興沖沖地用鋤頭鋤起一塊土，拿在手上，土黑得發亮，一點都不臭，反而有股自然的泥土香。上面一條碩大的蚯蚓正蠕動著，

「看！土是活的，裡面充滿
著小生命。」

　　可惜的是，有機種植畢
竟費時費工，價格和產量
都不能跟慣性農法相比，
所以只占全球農業的很小一
部分。我在MOA農場碰到
兩位CX症候群患者，他們飽受農藥和化學物質之害，只要周遭有一點
農藥或化學物質，他們就會全身難受甚至皮膚潰爛，據說全日本大約有
三千多名CX症候群患者。他們倆人一直躲到面積夠大的MOA農場，才
終於可以正常地呼吸、睡眠。我常在想，台灣會不會有朝一日也找不著
這樣的一片淨土？

　　多吃有機食物，也是一個學習尊重土地的過程。如果我們願意多花
一點錢，購買不灑農藥的作物，農民就不用為了削價競爭，而密集種植
同一種作物，或是大量噴灑化肥、農藥，種出來的東西連自己都不敢
吃。這樣，才能逐漸減緩土地的酸化和水的污染，讓自然再活過來，重
新孕育無窮生機。

聰明清洗和備料，
保留營養本色

精力湯的食材多是生鮮蔬果，事前的清潔必須格外謹慎；

做好「食材管理」，則可以讓準備工作變得很有效率。

這樣一來，每個人都能輕鬆實踐這套方便、有效的全食物養生法。

想吃得安心，先好好清洗

　　一顆蘋果含有三百八十九種植化素、一根胡蘿蔔含有四百九十多種植化素，絕大部分都在表皮或接近表皮的地方。削掉皮再吃，會浪費多少營養呢？

　　果皮是植物抵禦日曬蟲害的部位，含有豐富的抗氧化成分，是對抗疾病的天然藥物，也是最便宜的靈芝草，能抗老防癌。不過，還是有很多人擔心農藥殘留的問題，而對吃全食物卻步。其實這中間沒有對錯，吃得安心最重要。

新鮮蔬果要吃得安心，來源很重要，所以一定要關心自己的食物是怎麼來的。近年來政府推動農產履歷，以及生產者直接與消費者互動，都能讓消費者更清楚食物的種植和處理過程。其次，就是要好好清洗。像我打精力湯，食材大部分是生鮮蔬果，為了避免細菌、寄生蟲引發感染，事前的清潔工作就得格外謹慎。

有皮蔬果要刷洗

通常有皮的蔬果，像是番茄、葡萄、蓮藕，我都會先沖掉灰塵，再用半盆水，噴兩下「橘寶清潔劑」，稍加浸泡，將農藥解離，再用清水沖洗，最後再用好水沖洗一遍。即使是橘子、柳橙、奇異果等不吃外皮的水果也洗過再切，以免外皮的髒污污染果肉。

蘋果是精力湯常見的食材，最好連皮帶籽一起打，除了盡量購買有機產品外，在清洗蘋果前，我會準備一盆清水，輕噴兩下「橘寶」，把蘋果放入浸泡約3~5分鐘；接著進行「刷皮去蠟」工程，利用軟毛鬃刷或木漿海綿，去除表層的食用蠟。由於蘋果的皮很強韌，不用擔心刷破皮，其他像是小黃瓜、青椒、苦瓜等表皮凹凸不平、不易洗淨的蔬果，則建議以軟毛刷子刷洗過，再以好水沖乾淨。

多年的使用經驗，讓我覺得「橘寶」真是寶。它是由食品級的橘子油調製而成，不含化學添加物，洗淨力卻超強，而且完全不用擔心殘留或餘毒會傷害身體、污染環境。它還可以用來洗碗、清理廚房、浴室，不僅用量省、清潔力強，還有淡淡的橘子香。我推薦給許多朋友，他們都很喜歡。

葉菜類切忌浸泡

　　至於葉菜類的洗滌，最好的辦法還是不斷地以流動的水沖洗，稀釋表面的農藥濃度。切忌浸泡，尤其不要加鹽浸泡，以免溶解於水中的農藥又從葉片的斷裂面滲入，反而囤積毒素。不同的蔬菜有不同的洗滌方式：

●包葉菜類：如結球萵苣、高麗菜、白菜，應該先摘掉枯黃的老葉，再逐層剝開，一葉一葉洗淨。

●小葉菜類：如青江菜、小白菜，需先切除葉柄，將葉菜分開後直立沖洗。

●十字花科類：如花椰菜，花穗裡容易藏小蟲，應該一株株切開再去硬皮，之後在水龍頭下至少要沖洗1分鐘。

什麼是「好水」？

蔬果如果要連皮吃或生鮮打精力湯，建議使用已過濾、可生飲的好水清洗乾淨，避免自來水中的氯附著於蔬果上。至於化療或免疫力較差的人，可以用開水快速汆燙一下。根據專家建議，優質的飲用水應該具備下列條件：

■ 不含任何病原性微生物。
■ 不含任何有害物質（包括化學物質、重金屬和其他有害物質）。
■ 含人體適量所需的有益礦物質。
■ 含適量水溶性氧素。
■ 酸鹼值接近中性（PH6.8~7.4）。
■ 屬於小水分子團，能迅速攜帶養分與溶氧至身體各部位。
■ 可迅速代謝清除人體內的廢物和有毒物質。
■ 適口性佳，甘甜可口。

依據這些原則，我請專家為我量身打造一部淨水器，仿造大自然的地層結構，用兩層七道的過濾系統，將水層層過濾，去除水中的有毒物質與餘氯、細菌，還能保留水中對人體有益的礦物元素。水分子經檢驗只有3奈米，而這部淨水器的最後一道丹頓管過濾孔徑為0.5~0.9微米（Micron），能有效過濾99.99%的有害病菌，還可以拆下來清洗，可以讓我安心生飲或清洗、浸泡食物。

●芽菜類：生長期短，化肥、農藥用得少，可用清水沖淨後，再以過濾後的「好水」浸泡數分鐘，瀝乾之後再放冰箱冷藏。

妥善規劃，做好食材管理

很多人總是覺得精力湯需要的食材很多，準備起來一定很麻煩。其實只要妥善地規劃，做好「食材管理」，準備工作也能很有效率。

●生鮮蔬果類

為了省水、省時間，我通常一次會洗三天需要的蔬果量，瀝乾水分後，放在保鮮盒裡冷藏，要用時再分切。需要去皮切塊的水果，像是鳳梨、芒果，處理上比較複雜，我通常會先切好；如果份量太多，可放入冷凍庫，等要用時再取出退冰，延緩其發酵速度。

●堅果、種子、乾果類

可以一次買幾種，取適當份量混合，裝罐或裝盒放冰箱冷藏，需要時隨手取用。

●五穀、豆類和根莖類

可以一次蒸煮半個月或一個月的量，再按每次需要量分裝，放在冷凍櫃保存。重要的是五穀和豆類洗淨之後，一定要加入好水浸泡，啟動它內部的酵素，將大分子的營養轉化為小分子，既方便人體消化吸收，滋味也會更鬆軟可口。

通常糙米等五穀類，大約浸泡3~4小時就可以了；黃豆、黑豆需要的時間比較久，為了避免發酵，可以放入冰箱冷藏。既然泡水是為了催化酵素，所以不一定要泡到發芽，只要豆子的芽苞膨脹如鴿胸狀就可以了。

我有一次演講，在現場即興問答中提出的問題就是：「糙米為什麼要先泡水呢？」有位聽眾馬上舉手說：「是為了叫醒它。」這個可愛的答案讓我印象深刻。而他也沒說錯，因為白米的胚芽和麩皮都被去掉後，可說是死掉的米；相較之

Whole Health News
全健康小事典

黃豆（黑豆）的浸泡與保存方法

黃豆用好水洗淨後，用好水浸泡（水是黃豆的2倍份量），放冰箱冷藏約10~12小時，直到豆子的芽苞膨脹如鴿胸狀就可以了。

接著將浸泡黃豆的水倒掉，再用好水沖淨，放入電鍋內鍋，加入和黃豆齊平的水量，外鍋加2米杯的水，用電鍋蒸熟即可（也可用電子壓力鍋）。

蒸熟的黃豆冷卻後，可按每次需要量分裝，並放置冰箱冷凍庫保存，使用前一晚取出，放冰箱冷藏即可。

泡水催芽的器具和水質必須完全乾淨，以免壞菌滋生，切記勿用自來水浸泡黃豆，以免氯附著。

下，糙米就是充滿營養素的「睡著的米」。在吃之前，先將豐沛的能量喚醒，我們也接受了豆穀的生命力。

我家有兩台冰箱，一打開來全都是一盒一盒的新鮮食物，五穀、堅果、豆類以及各種顏色的蔬果，井然有序地排放，宛如小型的全食物雜貨舖。嘴饞時只要抓幾顆堅果，或是取兩、三種食材打汁、打漿，隨時都可以變出美食來。

做好蔬果清潔和食材管理，每個人都能輕鬆實踐這套方便、有效的全食物養生法。早上起來，再也不用為準備早餐手忙腳亂了。

選對工具和用法，
健康好簡單

有了好的工具、熟悉各種不同食物的風味和營養，
你也可以大顯身手，做出色澤迷人、滋味萬千的全食物料理，
讓「大長今」換人做做看。

吃蔬果保健康，也要講究美味與方法

　　「蔬果五七九」是台灣癌症基金會自一九九九年開始，為了鼓勵國人多吃蔬果以預防癌症而推廣的活動。二〇〇五年八月，我參加了該基金會舉辦的記者會，因而結識這項活動的幕後推手——執行長賴基銘醫師。

　　當天的主題是由現場來賓示範，如何天天吃到五～九份的蔬果，因為大部分人都做不到。不過對我來說，這一點也不難，因為我天天喝精力湯，一杯就包含了好幾份蔬果量。於是我現場示範，賴醫師一喝到我

打的精力湯，直說：「怎麼這麼好喝？我照妳的食譜打，為什麼都沒這麼好喝啊？」我笑著說：「那是你用錯機器了。」

於是賴醫師回家告訴太太，賴太太特地到百貨公司買我推薦的調理機，回家一試，果然精力湯變好喝了。五年來，賴醫生和太太每天一杯精力湯，一天沒喝，就覺得渾身不對勁。

賴醫師自從天天喝精力湯，整個人變得年輕了起來，他說：「有沒有在飲食上用心，同學會上就看得出來。」四十一年次的他，參加大學畢業三十五週年的同學會，大家看到他頭髮烏黑、皮膚發亮、氣色紅潤，都問他究竟吃了什麼？其實他的祕密武器就是喝精力湯。

為什麼每天要吃這麼多蔬果？賴醫師說，因為蔬果中的植化素可以抑制癌症的形成，讓健康之人預防癌症和各種慢性病的侵襲，它的功能就像二十世紀初維他命對人類的貢獻，使當時人類的平均壽命從四十歲延長到八十歲。植化素的發現，也有可能讓人類壽命再增長四十歲，未來人人「呷百二」，也許不再是夢想。然而，「如何讓忙碌的現代人簡單、方便地攝取足量的蔬果？」這個問題一直困擾著賴醫師，他很早就想用蔬果汁或精力湯來解決這個問題，卻一直沒有找到適當的工具，因為「再營養的東西，也要能喝得下去才行」。

為什麼我敢鐵口直斷賴醫生用錯機器呢？這是因為我自己有慘痛的經驗。為了打精力湯，我除了像神農氏嚐百草，也試過各式各樣的機器。極盛時期，我一共擁有六部包括榨汁機、果汁機、磨豆漿機、柳丁專用電動榨汁機在內的機器，卻沒有一部讓我完全滿意。直到我用了奎林博士推薦的全營養調理機，才讓我如獲至寶。

賴醫師的精力湯小偏方

以蔬果為主，有西洋芹、紅蘿蔔、小黃瓜、芭樂、蘋果、黃豆芽、苜蓿芽、番茄，有時候加葡萄。通常是當令蔬果，蔬菜較水果多，然後再加胜肽粉、啤酒酵母粉、亞麻仁籽等，喝起來很濃稠、很有飽足感。每天早上喝700cc，是一天的精力來源。

而賴太太因為胃寒怕生冷，精力湯內容是以紅豆、薏仁、五穀米、杏仁粉等穀類為主，每天早上喝300cc，白天則吃大量蔬果。

擊破植物細胞壁，釋放所有營養

本身是營養學家的奎林博士，也是美國一家癌症醫院的副院長，他在著作《如何用營養擊退癌症》中強調，喝蔬果汁可以抗癌，所以在他服務的醫院裡，會每天固定給癌症病人喝蔬果汁。但一定要喝全果汁，而不要喝榨汁，因為全果汁含有更多營養成分和有益的膳食纖維，不會讓血糖急速升高。而維他美仕全營養調理機正是一部專為保留全食物的全營養而設計的調理機。

專家的背書讓我毫不遲疑買了一部，原本著眼於營養，怎知一試之下發現精力湯變好喝了！從此，一向忍耐著喝精力湯的老公，終於不用皺眉、捏鼻，就可以喝完500cc。到現在，這部機器「服役」超過十五年，還能運轉，但是因為新機型有不少改良，尤其最新材質的容杯經檢

驗證實完全不含雙酚A，我忍不住又想「敗」一台。

　　這部調理機也是目前為止唯一提出人體實驗數據的機器。美國營養專家史必樂博士在二〇〇三年發表研究指出，飲用這部調理機所打出來的番茄汁，比直接吃下一顆番茄或喝下一杯用普通榨汁機所榨的蕃茄汁，可以多吸收三倍以上的茄紅素。而祕密就在於它的整體設計能擊碎植物的細胞壁，釋放所有營養。

　　美國CBS記者也曾經針對「如何達成天天五蔬果」製作專題報導，經由公衛專家的推薦，他實地走訪調理機製造商，親眼看到連著白皮的柳丁被攪碎成全柳丁汁的過程，本身學醫的他忍不住讚嘆：「喝下它就像喝下一杯充滿植化素的營養湯，這就是天然的雞尾酒療法！」

善用轉速調節，輕鬆料理全食物

除了營養、美味、耐用，這部機器的容易清洗和多功能，也深獲我心。特別是它中間的轉速鈕，可以按數字大小控制轉速，用來切碎或攪拌食材非常好用，我因此研發了許多食譜，節省許多時間。

譬如，想吃粥又沒時間一早起來熬煮時，就把芋頭或南瓜蒸熟，放進調理機容杯，再加熱水，開高速鈕打1分鐘，將芋頭或南瓜攪碎成漿；再把前一天吃剩的五穀飯和好吃的梅汁蘿蔔乾放入調理機容杯，這回不開高速，用中間的轉速鈕由1轉到10，再由10轉回1，這樣來回共3次（請參考99頁「切碎功能操作步驟」），就把蘿蔔乾和五穀飯切碎了。不到2分鐘，熱騰騰、香噴噴的芋頭五穀鹹粥或南瓜五穀鹹粥就完成了，可以輕輕鬆鬆喝到「大長今」最常用來養生的粥。在這本書中，有很多食譜都會用到這個功能。

運用轉速鈕還可以切碎蔬菜，無論是包餃子的韭菜、高麗菜，或讓人流淚的洋蔥，都可以依照喜歡的程度來設定數字——如3或5，數字越大，切得越細。接著再啟動開關，打30~40秒就完成了，中途則可用攪拌棒協助調理，書中好吃的莎莎醬就是這麼做成的。

全營養調理機操作說明

開機、關機三步驟

開機3步驟

開機之前，先確定將變速開關扳至VARIABLE，
調速鈕調至刻度1

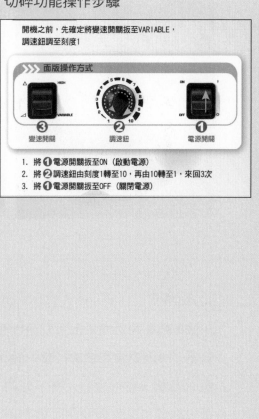

開機 *1-2-3*

3／啟動高速　**2**／調速鈕由1順轉至10　**1**／啟動電源

1. 將電源開關扳至ON（啟動電源）
2. 將調速鈕由刻度1轉至10
3. 將變速開關扳至HIGH（啟動高速）

關機3步驟

關機 *3-2-1*

3／關閉高速　**2**／調速鈕由10回轉至1　**1**／關閉電源

1. 將變速開關扳回VARIABLE（關閉高速）
2. 將調速鈕由刻度10轉回1
3. 將電源開關扳至OFF（關閉電源）

切碎功能操作步驟

開機之前，先確定將變速開關扳至VARIABLE，
調速鈕調至刻度1

面版操作方式

3變速開關　**2**調速鈕　**1**電源開關

1. 將❶電源開關扳至ON（啟動電源）
2. 將❷調速鈕由刻度1轉至10，再由10轉至1，來回3次
3. 將❶電源開關扳至OFF（關閉電源）

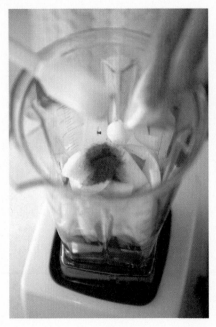

　　想吃天然的愛玉凍，卻不想花時間搓洗愛玉籽？把刮好的愛玉籽30g和冷開水1500cc放入容杯，將調速鈕轉到6，打3分鐘，再把打好的汁液用棉布袋過濾，倒入乾淨無油的容器中，靜置10分鐘，就有好吃的愛玉了！我還會用它來打醬、做冰淇淋、磨豆漿、做各種糕點……都是輕而易舉、省時省力。有了好的工具、熟悉各種不同食物的風味和營養，你也可以大顯身手，做出色澤迷人、滋味萬千的全食物料理，讓「大長今」換人做做看。

Part 2
對症健康吃，營養得滿分

精力湯會讓體質變冷？

吃全食物就要犧牲口腹之欲？

糖尿病、腎臟病患者都不能喝精力湯？

不同健康問題要注意哪些飲食需求？

全食物是一種無排他性、適合所有體質的全民養生法。

不同屬性的食材，各具不同的營養價值，

只要了解其中特性，就能巧思變化、靈活調整，

針對個人體質和保健需求，甚至是每天特定的身體狀況，

設計出專屬的飲食配方，

藉以預防疾病、緩解症狀，更能兼顧美味和口感。

10大現代人最關注的保健問題，80道全食物調養食譜，

讓你輕鬆把菜單變藥方，找回健康自療力，吃出最佳免疫力。

癌症

對抗癌症最有利的武器，就是我們每天所吃的食物。
——柯林·坎貝爾博士

優質飲食能提升自癒能力

癌症已連續二十八年蟬連台灣民眾十大死因的第一名，平均每十三分鐘就有一人罹癌，每小時就有五個家庭陷入愁城，而且罹癌的年齡越來越低，二、三十歲年輕人罹癌的情形時有所聞。

雖然我經歷過這種驚懼，就像陷入一條漆黑漫長的隧道，看不到盡頭；我也曾經徬徨無助、暗自流淚。但是，我從不認為癌症就是絕症，我身邊戰勝癌症的朋友不在少數，而且因為走過癌症的體悟，改變了生活習慣和思維方式，不僅改善健康，也獲得更好的生命品質。

所以，我常鼓勵癌症朋友絕不要放棄機會，而且要心存感激，感謝癌症給你改善生活型態、提升生命品質的動力；感謝醫療團隊的用心，感謝親友家人的關愛和付出。心態對了，心安定了，充滿正面思維，免疫力就會大大提升，使醫療或食療發揮最佳效果。

癌細胞會奪取人體的營養，再加上癌症治療——無論是開刀、化療或放射線療法，對人體都會造成相當大的傷害。所以對癌友來說，利用飲食營養來修補、改善體質，增強免疫系統對抗癌症的能力，就成為第一要務，否則看不到的癌細胞難免「野火燒不盡，春風吹又生」。

改善飲食最好從癌症治療中就開始。《讀者文摘》曾報導美國一位年輕女性罹患肺癌第三期，試過各種最新的標靶療法，效果都不好。醫生百思不得其解，後來研判問題出在飲食上，強力要求她改善飲食，多吃蔬果、穀類等全天然食物，療效果然突飛猛進。顯見結合外在的醫療，同時用營養激發患者體內的自癒力，才能提高戰勝癌症的機會。

植化素有多重抗癌功效

用飲食防癌最基本的兩個原則是：不吃任何可能致癌的食物；增加身體的抗癌能力。

當季、天然的全食物完全符合以上條件，是調整體質、提升免疫力及預防癌症復發最好的食物。尤其蔬果、穀類、豆類、菇蕈類、海藻類和堅果、種籽，都含有豐富的植化素，特別在表皮和種籽中最多。植化素不只讓每種植物呈現各種特定的顏色，更是植物用來保護自己的特別

物質，許多研究證實，這種植物性食物中的化學成分具有多重抗癌效果，包括——

● **活化免疫細胞**：如植物的多醣體可增加自然殺手細胞及T細胞，以攻擊、防禦外來異物，並對抗、吞噬癌細胞，缺少時較易罹患癌症。含多量多醣體的食物有菇類，包括香菇、金針菇、巴西蘑菇，以及黑木耳、白木耳、山藥、南瓜、薏仁。

● **誘導癌細胞良性分化，抑制腫瘤生長**：如黃豆和含有胡蘿蔔素及茄紅素的蔬果，其中以深綠色、橘黃色蔬果含量最豐富，如胡蘿蔔、番薯、番茄、紅椒、芥藍、木瓜、哈密瓜、西瓜、紅色葡萄柚等。

● **抑制癌血管增生**：使癌細胞的血流供應停止，抑制其生長和轉移。如大蒜、洋蔥、綠茶、葡萄、黃豆，以及含有茄紅素的食物。

● **促進癌細胞凋亡**：如大蒜、蘆筍、黃豆、葡萄皮，以及含維生素A及茄紅素的蔬菜水果。

● **抗氧化（抗自由基）作用**：避免人體細胞受到自由基傷害。如含有豐富維生素A、C、E的蔬菜、水果和堅果類；含鞣花酸的各種莓類，如

草莓、黑莓、蔓越莓、藍莓；含多酚的葡萄。

● **抑制癌細胞訊息傳遞，對抗癌細胞增生**：如富含葉酸的蔬果、深綠色的蔬菜如地瓜葉、空心菜、菠菜、花椰菜，以及所有十字花科蔬菜（如高麗菜、白花椰菜、白菜），和蘋果、柑橘類、香蕉、糙米、小麥胚芽、南瓜、馬鈴薯、豆類、堅果。

● **含植物性類激素，可抑制與荷爾蒙相關的癌症成長**：如黃豆、綠豆、四季豆、亞麻仁籽、芝麻。

● **豐富的膳食纖維可降低腸道致癌作用**：如牛蒡、竹筍。

此外，植物性食物中的維生素A、C、E也被證實具有強大的抗氧化力，可以清除自由基。歐洲則有研究顯示，酵素可以改善癌症患者的病程，癌友可以多吃富含酵素的木瓜和鳳梨，以抑制癌細胞增生。北半球除柑橘類水果的種籽之外，其他種籽都含有B17，也就是苦杏素，具有殺死癌細胞的作用，搭配含酵素的蔬果食用，效果更好。

全食物精力湯是癌友的好夥伴

許多頂尖的癌症專家已發現，單一植物性食物的抗癌功效並不能帶來理想的療效，不同種類的植物營養素似乎必須發揮協同作用，才能產生最佳效果。因此，他們建議均衡多元地攝取有益健康的全食物，以發揮綜效，才是提升免疫力對抗癌症最好的方法。

這說明了全食物精力湯為什麼能抗癌的原因，它就是把各種有益人體的全食物，均衡多元地搭配在一起，再攪拌到極細緻，讓所有的營養

素容易被消化吸收，而且美味可口、寒熱平衡。

因此，癌症病患的術後照料，可以多喝全食物精力湯。全穀、蔬果富含植化素、維生素、礦物質和酵素，可以對抗自由基，提升免疫力；黃豆擁有非常好的植物性蛋白，與穀類、堅果混合食用，會產生互補功效，提高蛋白質的利用率；天然的堅果，如核桃、杏仁、松子，也能提供蛋白質、不飽和脂肪酸等必需營養素，不用擔心營養不足。

我先生肝癌開刀之後，開始喝精力湯，十九年來身體越來越健康，每次複檢都安然過關。英國有位七十多歲的老先生罹患膀胱癌，由於腫瘤不小，加上年紀已大，醫生不建議開刀或化療，只能回家自行療養。醫生原以為他來日無多，沒想到五年後他依然定期回診，而且腫瘤越來越小。醫生很好奇他做了什麼，他說只不過每天喝一杯用青花椰菜、紅蘿蔔和蘋果打的蔬果汁而已。

吃什麼與怎麼吃，決定了癌後的生命品質。飲食無法在短短幾天內就見效，但可長期調整、改善體質，避免惡化，並且隨時能採取行動，花費很少。醫學不斷進步，癌症已非不治之症，只要遵循醫生建議，接受正統的治療，並做好飲食管理，多數癌症都可獲得良好的控制。

Eating Guidelines
癌症患者的飲食守則

■ 重均衡助消化

少油少肉高纖,多吃蔬菜、水果、五穀雜糧、豆類、海藻和菇蕈類等全食物,連皮帶籽磨碎了更容易消化吸收。一般人吃蔬果5-7-9,癌症患者則建議9-11-13。

■ 用心打理三餐

早餐可以喝芽苗加蔬果打成的精力湯,或者一早喝五穀雜糧磨成的奶漿,下午喝蔬果精力湯。午、晚餐正常飲食,吃些米粥,如糙米薏仁芡實粥,加上各種蔬菜、豆類及適量的魚。如果胃口不好,可以少量多餐,把蔬果精力湯或五穀雜糧奶漿當成餐與餐之間的點心,補充營養。

■ 依照體質調配食材

食材調配要依據病人的身體狀況而定,如果體質燥熱、有便秘現象,可多加些高纖蔬果;要是覺得身體虛弱,蔬果太寒,可以放堅果或少許薑片,維持寒熱平衡。怕太冰涼胃會不舒服,可以加40度左右的溫水打,或將蔬果放在室溫中。

■ 菜色多做變化

千萬不要天天喝相同的精力湯,再好的東西,過猶不及呀!像是常有乳癌病人問我,黃豆、山藥都含有植物雌激素,到底能不能吃?雖然各種研究結果不同,有人贊成,認為能雙向調解雌激素以預防乳癌復發;有人反對,認為乳癌病人不宜多吃,以免促癌。但我相信只要經常替換不同種類的食材,把握均衡多元的原則,對身體都不致有危害。

化療

素食者產生的藥物副作用，要比葷食者少很多，
而且肉類有導致癌症復發的風險，
要補充蛋白質，植物比動物好。

化療病人可以喝精力湯嗎？

這是我在部落格上最常被問到的問題。

很多人發現自己罹癌，第一個念頭就是「要養生了，不能吃肉」，
於是開始接觸生機飲食。然而化療期間，醫生又告誡不可生食，還要多
吃高蛋白、高熱量食物補充體力，最好多吃肉；加上坊間流傳的食療偏
方，各種說法都有，莫衷一是，讓許多癌友和家屬人心惶惶。

兼具西醫和自然醫學背景的李德初醫師表示，化療之後通常食欲會
變差，應該以病人想吃、吃得下的食物為主；至於術後的照顧，最好不

要吃肉。根據他的經驗，素食者產生的藥物副作用，比葷食者少很多，而且肉類有導致癌症復發的風險。因此要補充蛋白質，植物比動物好。

是不是要完全素食，取決於個人。以美國癌症病人奉行的「大型生物飲食法」為例，建議患者多吃蔬菜、水果、五穀雜糧、豆類、海藻和菇類等全食物，避免吃紅肉和家禽；有些人會吃點海魚、蛋和優酪乳，有些人則連魚也不吃。

其他風行一時的癌症飲食療法，如德國的「葛森氏療法」（The Gerson Therapy）、日本的「星野式葛森療法」、「甲田療法」，以及國內流行的安·威格摩爾「生機飲食法」，幾乎都建議不吃動物性脂肪和蛋白質，或至少禁食半年以上；要求攝取大量蔬果汁（每天至少1000cc）和生菜，以及全穀類或胚芽米，避免鹽分、糖和酒精。另外，有些贊同吃少量、優質的蛋和優酪乳。

全食物精力湯並非只是生食

許多醫生之所以告誡化療病人不要生食，是因為化療期間抵抗力較弱，怕引發感染。但用精力湯養生未必全要喝生冷的，我所提倡的全食物精力湯，可以是充滿生機的蔬果、芽苗和堅果打成的生鮮全蔬果汁，也可以是煮熟的五穀雜糧、豆類和根莖類加熱水攪打成的蔬菜泥、濃湯或奶漿，兼顧營養和熱量。進行化療和放療那幾天，如果白血球過低，建議不要生食，可以改打溫熱的豆穀漿、濃湯或鹹粥等完全熟食的精力湯，以修補化療耗損的元氣。

　　我有位朋友在化療期間，照樣喝用芽菜、水果打的精力湯，並沒有白血球降低或感染的問題，而且復元得很快，只要休息個一、兩天，體力就恢復了，可以照常上班。但每個人的症狀、體質和腫瘤位置都不一樣，不論任何飲食，都要觀察食用後身體的反應，再決定要不要繼續。

　　如果出現水腫、腹瀉狀況，或是腸胃道切除，而一次無法吃下太多食物，可以減少水量，打成濃稠的奶漿或泥狀，方便癌友小口小口攝取食物精華。如果必須管灌，最理想的選擇是用適合的全營養調理機來打精力湯，把食物的營養和風味同時釋放出來，這也是化療病人最需要的。

　　記得我最近一次照胃鏡後，曾經很興奮地與精力湯同好賴基銘醫師分享醫生的評論。醫生說我的食道和胃都跟小嬰兒一樣乾淨、漂亮，賴醫師則說：「那是當然的，因為所有營養素首先經過的就是食道與胃，所以第一個獲得修補。」根據衛生署最新公布的資訊，國人因罹患食道癌而死亡的年齡不斷提前，比十年前平均少活八歲。這也許與食道癌進食不便有關，不妨試試用精力湯來補充營養，說不定可以改善健康並提升存活率。

化療患者的飲食守則

■ 最好少量多餐

化療會破壞味覺及嗅覺，病人沒胃口，吃不下太多東西，最好將多元的營養打成溫熱的奶漿或濃湯分次飲用。可以選擇高鈣黑芝麻豆漿、番薯五穀米漿、各類全豆漿、南瓜濃湯、芋頭五穀鹹粥等，補充植物性蛋白質。

■ 加入大豆胜肽以利吸收

大豆胜肽（Peptide）是將大豆蛋白經酵素水解後，把大分子蛋白質轉變成由幾個胺基酸組成之極小分子量物質。人體就是以胜肽的形式吸收蛋白質，所以大豆胜肽的優點就是可快速、直接吸收，不會受到身體消化酶二次破壞，能促進人體生理功能的全面調整，迅速補充營養。加上胜肽本身的低蛋白抗原性，非常適合手術前後、病中病後調養、乳糖不耐症及營養不良患者等作為長期營養補充品。

在蔬果精力湯中加大豆胜肽，不僅能增加優質的植物性蛋白質，還可以加速營養的傳輸並提升風味。大豆胜肽也可單獨沖泡飲用，加速營養吸收，減少肝臟代謝蛋白質的負擔。

■ 以米漿補充膳食纖維

我特別推薦糙米漿、五穀米漿及豆米漿。北醫楊玲玲博士曾經與台大醫院合作一項實驗，提供米漿給住在癌症病房的癌友，結果發現普遍有體力增加、疼痛減少的現象。這些營養價值高、膳食纖維含量多的全食物飲食，也可以預防化療和電療的另一個副作用，那就是便秘。

■ 喝精力湯修補口腔潰爛

化療或放療常見的副作用是口腔潰爛，而全食物精力湯正是這段期間最好的飲食方式，不僅便於補充營養，這些富含植化素、酵素、礦物質、微量元素和維生素的蔬果汁或奶漿、濃湯，正好可以修補口腔潰爛，促進傷口癒合。特別是飲用冰涼的精力湯可減輕口腔潰爛的疼痛感，便於吞嚥。建議喝的時候先在口腔含一下，略為咀嚼，讓精力湯與唾液充分混合，一方面避免脹氣，也可以在口腔多停留一會兒，發揮修補作用。

走過大腸癌，重獲新生
——企業家楊織宇

要把罹癌當成「好消息」：
第一，你有機會認清生命本質；
第二，我這麼嚴重都會好，你痊癒的機會更大，不是嗎？

在台灣，大腸癌是近年來成長最快、罹病人數最多的癌症，發生率及死亡率急速攀升，幾乎每五十分鐘就有一人罹患。錯誤飲食、肥胖、缺乏運動，都是導致腸癌發生及病情惡化的主要因素，其中尤其以高油脂及大量肉食為主要禍首。

身體變成另類垃圾處理機

很多人因為工作緊湊，疏於關照生活，直到忙出病來，才理解「拚命三郎」是真的拿命去拚。我政大企業家班的同學楊織宇也是腸癌患者，對此體會很深。他曾經是國內上市營建公司的總經理，以為人的意志力可以克服一切，工作毫不鬆懈，事業永遠擺第一，吃飯、睡覺、休閒這類「瑣事」，在他眼裡都是浪費時間。

「白天有時在工地視察，便當、路邊攤隨便吃，肚子填飽就好；晚

上應酬，美酒大餐放任吃，卻也吃不出滋味，心思都在交談上。」他吃飯時狼吞虎嚥，連老婆、小孩看了都覺得壓力很大。「保證十分鐘內解決一餐，不記得自己吞下什麼，唉，很像垃圾處理機吧！」

他每天都熬夜到凌晨兩點，隔天一大早又起床繼續忙，連假日都不休息。「肚子痛了一年，我沒去管它，不想浪費時間去看病。」他還記得當年我介紹班上同學吃有機餐，吃了幾口後，聽我聊起外食的毒害，很不能接受。「怎麼會有人說食物是毒呢？我聽了都快昏倒。」

改變飲食，其實很簡單

後來腹痛太頻繁，他終於不再鐵齒，去醫院做檢查，結果報告一拿到，隔天就打電話給我：「我也中獎了，大腸癌第三期，有淋巴擴散現象。」他馬上清空冰箱，還將家中收藏的威士忌全部送人，改而採買有機食材，練打精力湯、盡量吃素，全家進入抗癌備戰階段。

「剛開始食不知味，妻小紛紛抗議啊。」我將《全食物密碼》的書稿寄給他參考，楊太太照著食譜做菜，五穀、豆類、蔬菜、水果從此成為餐桌主秀；也按照全食物的觀念調製精力湯，一家大小只花兩個星期就適應新吃法。「好像也不會太難嘛！」習慣後，他們試著研究最對味的「湯」，為了代謝體內的放射線，就添增螺旋藻；不喜歡某些蔬菜的味道，就以葡萄乾、堅果調和；冬天早晨想吃熱食，就把五穀飯打成鹹粥，隨意變化口味。

「做化療的期間，吃得才痛苦。」藥物使他的味覺和嗅覺全起了劇烈變化，聞到魚湯會想吐，香蕉吃起來像芭樂，肉類更是完全不想碰。

但是化療後身體又特別虛弱，需要補充蛋白質，於是他選擇吃豆類和少量魚肉。「食欲很差，找出喜歡的味道才是重點。」他起先最喜歡燕麥糕，後來甜的燕麥糕吃怕了，便自己調整食譜，做出不加糖的燕麥糕當主食。「沾醬油吃很美味耶，我現在想起來還會流口水呢！」他說得呵呵大笑。醫生在日前宣布他已完全康復，歷經五年半的休養，終於戰勝病魔。

生命轉個彎，更加美好

大腸癌消失後，連同從大學時代就有的高血壓症狀也不藥而癒，胃痛、過敏的老毛病都不再犯了，他直說感恩。「我現在味覺可敏銳了，每天都用心咀嚼五穀飯，感受菜根香。」對於生病之前的吃法，現在想來都毛骨悚然，「真是在吃毒沒錯呀！」

他現在一定趕在十一點前睡覺，隔天早起就去爬山，眺看台北市的清晨，順便練個太極拳。「原本身子很沉，走路像扛著一包米；現在身輕如燕，有如練了輕功，恢復到大學時代的體能。」癌症，給了他全新的人生。

「現在每一天都是老天爺賞給我的，要多做好事才行。」他很樂於跟癌友分享心情，總是樂觀地說要把罹癌當成「好消息」：「第一，你有機會認清生命本質；第二，我這麼嚴重都會好，你痊癒的機會更大，不是嗎？」商場上的廝殺遠去，現在的他懂得停下來，體味眼前的一景一物。

南瓜精力湯

作法：

▶ 前一晚先將連皮帶籽的南瓜切塊蒸熟，放入冰箱冷藏。

▶ 隔天早晨將南瓜加入熱水，打成微溫的湯底。再放入適量的堅果、枸
杞、芽菜、蘋果、三寶粉、黑芝麻
和葵花子，打成稠狀的湯汁即可。

無糖燕麥糕

材料：

▶ 燕麥粒1米杯，洗淨後泡冷開水或好水750cc。蓮藕粉半米杯。

作法：（成品約有1000cc）

▶ 將材料放入調理機容杯，打2~3分鐘（至杯身摸起來有溫熱感），完
成後把米漿倒入鍋中（鍋內不抹油），將鍋子敲一敲，抖出氣泡，再
撒上配料（黑白芝麻、枸杞、葡萄乾）。放入蒸籠，水滾後大火蒸20
分鐘即可。

沾醬：

▶ 醬油膏 50cc＋砂糖 1/2茶匙（讓醬料不那麼死鹹）＋蒜瓣 2片（切
碎）。

癌症
·健康吃·

飲食需求

體質較燥，宜清熱滋陰。
高熱量、高蛋白質，以補充體力、修復體質。
高維生素、礦物質、植化素，以提高免疫力、加強抗氧化。
高纖維，以防止便秘，加速毒素排除。
腹瀉病人宜選擇可溶性纖維高的蔬果，以緩解腹瀉現象。

翡翠銀耳羹

哪些人也適用？／高血糖、高血脂、肝病患者；減重者

食材

▶ 青豆仁 100g ▶ 白果 50g ▶ 百合 10g ▶ 銀耳 10g ▶ 枸杞 3g
▶ 鹽 2小匙（可不加或盡量少加） ▶ 熱開水 400cc

作法

1 將白果、百合及銀耳洗淨，用熱開水浸泡約2小時後，瀝乾水分備用。
2 將青豆仁、白果、百合、銀耳及枸杞蒸熟備用。
3 將青豆仁、1/3銀耳、熱開水及鹽依序放入容杯，打1分鐘。
4 再放入2/3的銀耳至容杯中，蓋緊杯蓋，啟動電源，將調速鈕由1轉至10，
  再由10轉回1，來回3次，利用轉速的變化切碎銀耳。
5 最後倒入容器中，灑上百合、白果及枸杞，即完成翡翠銀耳羹。

叮嚀

▶ 部分食材切碎而不攪細，是為保持口感，增加咀嚼；如咀嚼不便，可一併放入
  容杯攪拌至細緻綿密。

·營養即時通·

青豆仁

又名豌豆仁，營養不亞於黃豆，蛋白質消
化率比黃豆蛋白質還高，可作為補充蛋白
質的來源。還有利尿、清淨血液之效。

白果

不可生食，對多種細菌有抑制效果，
還可以擴張微血管、促進血液循環、
潤肺止喘。

成品約850cc **3份**

熱量	128.2Kcal
脂肪	3.1g
蛋白質	14.4g
醣類	12.7g
膳食纖維	5.9g
鈉	17.5mg

百合、銀耳

依中醫說法，可清熱滋陰、潤肺生津。銀耳含有豐富的膠質、多種礦物質和17種胺基酸；所含銀耳多醣具有抗氧化作用，能增強免疫細胞的吞噬能力，抑制癌細胞生長，提高對輻射的抵抗力，促進骨髓造血機能，適合腫瘤患者在接受放療時補充營養。

燕麥穀奶

哪些人也適用？／高血脂、肝病患者

食材

▸ 蒸熟燕麥飯 200g　▸ 蒸熟黃豆 50g　▸ 燕麥片 30g　▸ 核桃 20g
▸ 原色冰糖 1.5大匙（盡量少加）　▸ 熱開水 550cc

作法

1 燕麥粒洗淨，加入1.5倍的冷開水，浸泡3~4個小時，放入電鍋，外鍋放2杯水，蒸熟成燕麥飯備用（可一次準備多量，如兩個星期至一個月的份量，放冰箱冷凍保存）。

2 黃豆催芽及蒸熟方式請見92頁。

3 燕麥片浸泡熱開水約10分鐘，瀝乾水分備用。

4 將燕麥飯、黃豆、原色冰糖和熱開水依序倒入容杯，蓋緊杯蓋，打1分半鐘。

5 將浸泡過的燕麥片和核桃放入容杯中，蓋緊杯蓋，啟動電源，利用調速鈕由1轉至10，再由10轉回1，來回3次切碎食材，即完成燕麥穀奶。

叮嚀

▸ 這道奶漿熱量高、易消化，適合消瘦、衰弱的腫瘤患者補充熱量、修補體質，可當正餐。

· 營養即時通 ·

燕麥

含人體所需的三大營養素——維生素B群、C、E、葉酸和礦物質，還有豐富的可溶性纖維，有助降低血糖、減少便秘。

黃豆

營養非常豐富，含有優質蛋白質、人體必需的脂肪酸，以及抗氧化的維生素E和異黃酮，不僅可預防癌症，也能減少心血管疾病的發生。

成品約850cc **3份**

熱量	683.9 Kcal
脂肪	27.4 g
蛋白質	19.9 g
醣類	94.1g
膳食纖維	14.4g
鈉	9.2mg

五穀鹹粥

哪些人也適用？／高血糖、腸胃病、肝病患者

食材

▶ 糙米 50g　▶ 燕麥 50g　▶ 蕎麥 50g　▶ 薏仁 50g　▶ 白芝麻 2大匙　▶ 紅蘿蔔 50g
▶ 高麗菜 100g　▶ 紫菜 5g　▶ 白煮蛋 1顆　▶ 熱開水 1000cc　▶ 鹽 1/2小匙

作法

1 將穀類（糙米、燕麥、蕎麥、薏仁）洗淨，用冷開水浸泡3~5小時後，煮熟備用。

2 將紅蘿蔔切塊煮熟，並將高麗菜、紫菜加入汆燙，瀝乾備用。

3 將煮熟的五穀飯、白芝麻、紅蘿蔔、高麗菜、紫菜、水煮蛋、鹽及熱開水（可用方才燙菜的熱湯取代）放入調理容杯內，蓋緊杯蓋，打1分鐘即完成。

叮嚀

▶ 若份量太多，可按比例減少，或冷凍、冷藏，分次加熱食用。

▶ 營養均衡，澱粉、油脂、蛋白質皆有，既保留了全穀類的所有營養，又攪碎到極細緻，容易消化吸收，癌症患者及肝病、腸胃道、高血糖患者都很適用。

· 營養即時通 ·

五穀雜糧

如糙米、小米、燕麥、蕎麥等都含有能抗氧化的植酸，可以強化免疫系統，抑制癌細胞活動；同時含有豐富的維生素B群、E和膳食纖維。

薏仁

薏仁可促進新陳代謝，消除腫瘍組織，抑制癌細胞增殖或轉移，並有鎮痛作用，可減輕神經痛、風濕痛，降血脂、血糖，利尿、去水腫，有助緩解腎臟病、膽結石症狀。但孕婦不宜多食。另外，薏仁含鉀、磷都高，慢性腎臟病人也不宜多吃。

成品約1800cc 6份

熱量	978.6 Kcal
脂肪	26.7g
蛋白質	35.8 g
醣類	150.2g
膳食纖維	22.1g
鈉	237.9mg

高麗菜

十字花科的高麗菜跟花椰菜、芥菜、大白菜一樣，都含吲哚、硫配醣體等抗癌成分，可以減少罹癌機會。高麗菜的鈣含量也很高，並含有大量的膳食纖維，是蘆筍的近兩倍。高麗菜亦可生食，為預防營養流失，汆燙不宜過久。

紫菜

含有豐富的維生素A、B1、B2及各種礦物質，特別是碘；豐富的可溶性纖維可以清除體內毒物（不要使用已調味紫菜）。

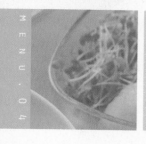

MENU.04

青花椰苗精力湯

哪些人也適用？／三高、肝病患者；減重者

食材

▶ 青花椰苗 15g　▶ 紅蘿蔔 50g　▶ 鳳梨 200g　▶ 蘋果 1顆（約200g）
▶ 綜合堅果 1大匙　▶ 冷開水 300cc

作法

▶ 將所有材料置入容杯，蓋緊杯蓋，打40秒即完成。

叮嚀

▶ 纖維含量高，適合不喜歡或吃不下蔬果的癌友，也可預防癌症。

· 營養即時通 ·

青花椰苗

根據約翰霍普金斯大學的研究，青花椰菜所含的化合物，可以讓60%的受試者達到預防腫瘤的效果，也讓75%的腫瘤患者腫瘤縮小，所以被認為是抗癌第一名的蔬菜。青花椰苗是青花椰菜的幼苗，抗氧化力比青花椰菜還強，含有酚類、醇類等抗癌物質及纖維，並富含微量金屬元素鉻，可以提高胰島素功能、降低血糖。

鳳梨

含豐富酵素，可以幫助消化蛋白質，所以李時珍說鳳梨可「健脾胃、固元氣」。鳳梨酵素加上適量蘋果籽中所含的維生素B17，具有防癌、抗癌效果。

蘋果

健胃整腸，具雙向調節腸胃功能，既可防止便秘，又有止瀉作用。蘋果同時也含有豐富纖維，能刺激腸道加速蠕動，適合因化療而便秘或腹瀉者（蘋果籽中因含少量氰化物，正在進行治療的癌症患者不宜食用）。

成品約750cc 3份

熱量	274.7 Kcal
脂肪	8.6g
蛋白質	6.2g
醣類	48.2g
膳食纖維	6.1g
鈉	46.6mg

紫薯豆漿

哪些人也適用？／三高、肝病患者；銀髮族

食材

▶ 煮熟黃豆 1.5米杯　▶ 蒸熟紫薯 30g

▶ 桑椹果粒醬 20g（作法見284頁）　▶ 熱開水 600cc

作法

▶ 將所有材料置入容杯，打1分半鐘即完成。

叮嚀

▶ 因癌症或化療而胃口不佳者食用。

成品約750cc	3份
熱量	324.2 Kcal
脂肪	11.8g
蛋白質	26.5g
醣類	32.4g
膳食纖維	10.3g
鈉	29mg

· 營養即時通 ·

黃豆

又稱大豆，蛋白質高達40%，屬於完全蛋白質，提供8種胺基酸。黃豆最廣為人知的是含有大豆異黃酮，目前研究發現有植物性雌激素和黃豆素兩種。黃豆素可抑制低密度膽固醇氧化，植物性雌激素有防癌作用，所以黃豆可預防心血管疾病、降低癌症罹患率。黃豆含有胰蛋白質酵素阻礙劑，一定要煮或蒸到全熟再調理，以免引起腹瀉。黑豆、毛豆也屬於大豆，可交互替換食用。

紫薯

為高纖食材，在日本被列為抗癌蔬菜榜首。蛋白質含量豐富，包括18種胺基酸，容易消化吸收；還含有C、B、A等8種維生素，以及鋅、鐵、鈣、硒等10多種礦物質。其中硒、鐵可補血、抗衰老，硒同時也被認為具防癌功效。更特別的是，紫薯內含大量花青素，抗氧化力強，可清除自由基，預防許多慢性病。

桑椹

含有豐富的花青素、維生素C和鐵，有補血和抗氧化作用；也富含維生素、葡萄糖、蘋果酸，能亢進胃液分泌，促進腸蠕動，幫助消化。

諾麗果精力湯

哪些人也適用？／三高患者

食材

▸ 西洋芹 60g　▸ 鳳梨 200g　▸ 蘋果 1顆（約200g）　▸ 紅蘿蔔 50g　▸ 番茄 70g

▸ 諾麗果酵素 25cc　▸ 冷開水 360cc

作法

1 紅蘿蔔如為有機可以保留外皮，
　營養更豐富，可生食或蒸熟。
　番茄洗淨後用熱開水燙一下，可更安心生食。

2 將所有材料置入容杯，打40秒即完成。

成品約900cc 3份

熱量	215.1 Kcal
脂肪	1.3g
蛋白質	3.9g
醣類	52.5g
膳食纖維	7.6g
鈉	113mg

· 營養即時通 ·

諾麗果

原產於大溪地，含豐富的賽洛寧原和賽洛寧酶，可幫助身體製造一種生物鹼賽洛寧，以預防癌症、衰老、高血壓等慢性病。目前國內已有農友種植諾麗果。洗淨後熟成發酵即可使用，但味道極重。為改善風味方便保存，可泡在蜂蜜中，需要時取適量加入其他食材中一起攪碎。如果怕麻煩或不易買到生果，可直接使用諾麗果汁或酵素。

紅蘿蔔、番茄

含豐富類胡蘿蔔素，在預防癌症上扮演相當重要的角色。根據研究，β-胡蘿蔔素經由肝臟代謝轉換成維生素A，能控制癌細胞異變，防止胃癌、肺癌、胰臟癌、結腸癌、直腸癌、膀胱癌、上皮癌；茄紅素則可預防攝護腺癌、腸胃道癌，還可預防心血管疾病。

青花椰濃湯

哪些人也適用？／三高患者；任何年齡層

食材

▶ 青花椰菜 150g　▶ 洋蔥 80g　▶ 起司片 1 片（視個人喜好）　▶ 燕麥片 1 米杯

▶ 糙米飯 半米杯　▶ 腰果 20g　▶ 鹽 1/2 茶匙　▶ 熱開水 720cc

作法

1 將青花椰菜及洋蔥燙熟備用。

2 將洋蔥、起司片、燕麥片、（熟）糙米飯、生腰果、鹽和熱開水置入容杯，打 1 分半鐘。打開杯蓋，加入青花椰菜，啟動電源，利用調速鈕由 1 轉至 10，再由 10 轉回 1，來回 3 次，將青花椰菜切碎即完成。

成品約1200cc 4份	
熱量	503.1 Kcal
脂肪	16.5g
蛋白質	13.9g
醣類	6.3g
膳食纖維	5.1g
鈉	372mg

叮嚀

▶ 插管病人或無法咀嚼的患者，可省略切碎步驟，直接將青花椰與其他食材一起攪碎至極綿密。

▶ 一般濃湯的烹調大都以奶油炒麵粉加牛奶調製，但本品以糙米和燕麥取代，一樣可以達到濃稠目的。熱量變少了，卻提供更多維生素B群和纖維。生腰果含有的良好脂肪酸，營養豐富完整，適合任一年齡層，更適合癌症患者補充營養。

· 營養即時通 ·

青花椰菜

有豐富的類胡蘿蔔素、槲皮素、葉酸和異硫氫酸鹽。類胡蘿蔔素和槲皮素有強力抗氧化作用；葉酸可排除血液中多餘類胱胺酸，降低罹患心血管疾病的機率；異硫氰酸鹽可刺激肝臟解毒酵素的活性以幫助排毒，因此青花椰菜被認為是防癌聖品。青花椰菜的莖比菜花營養素含量更高，不宜丟棄。

化療

·健康吃·

MENU.01

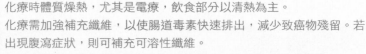

飲食需求 化療時體質燥熱,尤其是電療,飲食部分以清熱為主。

化療需加強補充纖維,以使腸道毒素快速排出,減少致癌物殘留。若出現腹瀉症狀,則可補充可溶性纖維。

完全維生素、礦物質的供應,以維持體力,將副作用降至最低。

化療副作用:便秘、腹瀉、落髮、口腔潰爛、味覺改變。

百合薏仁奶漿

哪些人也適用?/痛風、過敏患者;美膚、減重、改善睡眠者

食材

▶ 煮熟薏仁 2米杯(約生薏仁 70g) ▶ 煮熟百合 50g(約生百合 25g)

▶ 煮熟銀耳 200g(乾銀耳約 20g) ▶ 原色冰糖 1大匙 ▶ 熱開水 720cc

作法

1 薏仁洗淨,浸泡冷開水4小時;乾白木耳、乾百合洗淨,浸泡好水30分鐘。

2 將銀耳去掉蒂頭,與百合、薏仁一起放入電鍋,外鍋加2杯水,蒸熟備用。

3 將所有材料置入容杯,蓋緊杯蓋,打1分半鐘即完成。

叮嚀

▶ 因化療而口腔潰爛者,溫熱或冷藏後飲用皆可。

·營養即時通·

百合

富含具有活性的生物鹼,能抑制癌細胞增殖。研究證實,食用百合有助於抑制腫瘤細胞的生長,緩解放療反應,加薏仁、白木耳效果更好。百合也含有百合苷,有鎮靜和催眠的作用,實驗證明睡前服用百合湯,可改善睡眠。百合還含有豐富的秋水仙鹼,可減少尿酸鹽沉積,減輕發炎症狀及止痛。

成品約1300cc

熱量	326.3 Kcal
脂肪	3.5g
蛋白質	10.1g
醣類	63.4g
膳食纖維	12.5g
鈉	6mg

MENU.02

藍莓優格精力湯

哪些人也適用？／三高、慢性肝炎患者

食材

▶ 蘋果 2顆（約400g） ▶ 藍莓 60g ▶ 石榴汁 50cc ▶ 杏仁果 10g
▶ 核桃 10g ▶ 亞麻仁籽 1大匙 ▶ 小麥胚芽 1大匙 ▶ 原味優酪乳 100cc
▶ 冷開水 250cc ▶ 綠茶粉 1/2大匙

作法

1 將蘋果、藍莓、石榴汁、杏仁果、核桃、亞麻仁籽、小麥胚芽、綠茶粉及冷開水置入容杯中，蓋緊杯蓋，打50秒。

2 打開杯蓋，倒入原味優酪乳，蓋緊杯蓋，啟動電源，將調速鈕由1轉至10，再由10轉回1，來回3次，利用轉速的變化攪拌食材即完成。

叮嚀

▶ 能減少化療腹瀉、噁心、嘔吐等副作用。

· 營養即時通 ·

藍莓

含有抗氧化力極強的花青素，可保護細胞不受自由基攻擊；還含有鞣花酸，能抑制癌細胞生長。豐富的果膠可以舒緩腹瀉和便秘；單寧酸可以減輕消化系統的發炎症狀。藍莓對腎臟內微血管也有強化作用，有助於腎小球的過濾功能。

蘋果

所含游離型黃酮類化合物的比例較高，更易被人體吸收，有較強的抗癌作用。另含有豐富的果膠，這種可溶性纖維能清除人體腸胃中的壞菌，破壞癌細胞生長所必需的酶，對腸胃癌細胞的生長有抑制作用。

成品約1000cc **4份**

熱量	564.9Kcal
脂肪	21.8g
蛋白質	15.2g
醣類	87.0g
膳食纖維	13.5g
鈉	82mg

石榴汁、優酪乳

石榴汁含紅石榴多酚和花青素兩大抗氧化成分
及亞麻油酸,維生素C、B6、E和葉酸,有助
調節免疫,減少化療期間噁心嘔吐的副作用。
優酪乳提供優質蛋白質,有助消化、止瀉。

核桃、杏仁、亞麻仁籽

含不飽和脂肪酸,有益心血管,
還有豐富的維生素、礦物質和蛋
白質、植化素,可以補充營養,
預防癌症及老化。

MENU.03

香椿醬

食材

▶ 香椿葉 150g　▶ 醬油 3大匙　▶ 味噌 2大匙

▶ 冷壓芝麻油 2大匙

▶ 烤熟杏仁果 40g　▶ 橄欖油 4大匙

作法

▶ 將所有材料置入容杯，蓋緊杯蓋，
啟動電源，以低速刻度6，打1分鐘，
過程中使用攪拌棒協助調理，
關機後即完成香椿醬。

叮嚀

▶ 可用於拌飯、拌麵，增加食欲。

· 營養即時通 ·

香椿

含大量蛋白質、碳水化合物、胡蘿蔔素、維生素C、B1、B2、菸鹼酸，有提高免疫力、
抗發炎、抗氧化、止痛等功效。醫學研究發現，香椿葉對金黃色葡萄球菌、傷寒桿菌、
痢疾桿菌等有明顯的抑制及殺菌作用，可防治感冒和肺炎，還能穩定血糖、降低血壓。
品嚐香椿最好的季節是春、夏兩季，口感最鮮嫩，營養價值也最高。

成品約300cc

熱量	1298.8Kcal
脂肪	114.5g
蛋白質	24.6g
醣類	49.7g
膳食纖維	10.2g
鈉	3826mg

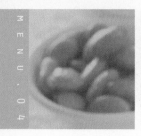

翡翠銀耳燕窩

哪些人也適用？／銀髮族、減重者；預防骨質疏鬆

食材

▶ 乾海珊瑚 8g ▶ 熟毛豆 150g ▶ 蒸熟白木耳 200g（乾燥木耳約 20g）
▶ 味噌 2大匙 ▶ 冷開水 700cc

作法

1 海珊瑚洗淨，浸泡冷開水30分鐘後，與冷開水一起蒸熟備用。

2 將海珊瑚、冷開水、毛豆、白木耳100g及味噌置入容杯，打1分半鐘。

3 打開杯蓋，將另外的100g白木耳置入容杯，蓋緊杯蓋，啟動電源，將調速鈕由
  1轉至10，再由10轉回1，來回3次，利用轉速的變化切碎白木耳即完成。

· 營養即時通 ·

白木耳

含多醣體，可增強免疫力，抑制癌細胞生長，且能降低放射線治療和化學治療對人體造血機能的破壞，減輕治療期的不適，如幫助鼻咽癌病人減少吞嚥困難及生津，幫助肺癌病人生津止咳。白木耳豐富的可溶性纖維，可加速腸內毒素排出，並有止瀉作用；所含的磷酸則有健腦安神作用，也適合老年人食用。

海珊瑚

海藻類的一種，所含多醣體與藻酸可降低低密度脂蛋白（壞膽固醇），多醣體還可活化體內自然殺手細胞，增進免疫力。屬可溶性纖維的甘露醇則能幫助腸道毒素排出。海珊瑚也富含礦物質、鈣、鐵及大量膠原蛋白、膠質，適合美膚養顏或老人預防骨質疏鬆。

味噌

用味噌調味，除因發酵過程可增加維生素B群，並產生抗氧化作用，可清除自由基，也提供不喜歡甜食的患者另一種選擇。不過有糖尿病史或肝硬化、腹水病人，宜選擇鹽分較低的味噌，或減量食用。

成品約1000cc 4份

熱量	274Kcal
脂肪	10.9g
蛋白質	20.9g
醣類	26.8g
膳食纖維	17.1g
鈉	2105mg

MENU.05

黑芝麻糊

哪些人也適用？／肝病患者；成長中的青少年

食材

▶ 糙米飯 2米杯　▶ 黑芝麻粒 100g

▶ 原色冰糖 1大匙　▶ 熱開水 500cc

成品約750cc	3份
熱量	825.9Kcal
脂肪	49.2g
蛋白質	23.4g
醣類	81.3g
膳食纖維	18.5g
鈉	6.3mg

作法

▶ 將所有材料置入容杯，打1分半鐘即完成。

叮嚀

▶ 熱量和蛋白質都很高，適合化療病人補充營養，尤其適合因化療而落髮者。

· 營養即時通 ·

糙米飯

營養豐富完整，可補充能量，並提高免疫力。

黑芝麻

含有維生素E和木質素，都是強力抗氧化劑，能清除自由基，具有抗癌作用，並強化肝臟機能；亞麻仁油酸成分則可去除附在血管壁上的膽固醇。黑芝麻含鈣量高，每100公克含1500毫克，如果經過烘焙，去除草酸鹽，吸收率更佳，也更能發揮抗氧化功能。芝麻還含有鐵、鎂、鉀、磷、銅等礦物質、多量纖維和蛋白質。用烘焙過的全黑芝麻打成醬，可以調成各種沾醬，用來補充營養、增加食欲。

玄米濃湯

哪些人也適用？／糖尿病、高血脂、便秘、肝病患者；減重者

食材

▶ 薏仁 20g ▶ 馬鈴薯 60g ▶ 洋蔥 50g ▶ 鴻喜菇 40g ▶ 花椰菜 60g
▶ 腰果 15g ▶ 蒜頭 3g ▶ 玄米飯 60g ▶ 熱開水 500cc ▶ 鹽 2小匙

作法

1 將薏仁、馬鈴薯、洋蔥、鴻喜菇、花椰菜蒸熟備用。

2 將腰果、蒜頭、熱開水、玄米飯及鹽依序放入容杯，
　蓋緊杯蓋，打40秒。

3 打開杯蓋，放入蒸熟的薏仁、馬鈴薯、洋蔥、鴻喜
　菇、花椰菜，蓋緊杯蓋，啟動電源，將調速鈕由1轉
　至10，再由10轉回1，來回3次，利用轉速的變化切
　碎食材即完成。

成品約850cc 3份

熱量	315.4Kcal
脂肪	9.0g
蛋白質	11.8g
醣類	48.9g
膳食纖維	8.4g
鈉	55mg

叮嚀

▶ 在調理步驟3中，若再加入部分玄米飯一起切碎，則可做成玄米粥。

· 營養即時通 ·

菇類

含有多醣體，可以增強體內細胞性免疫和體液性免疫功能，整體提升免疫力。

薏仁、洋蔥、花椰菜、蒜頭

皆含多種抗氧化物質，可以抑制腫瘤細胞增長。

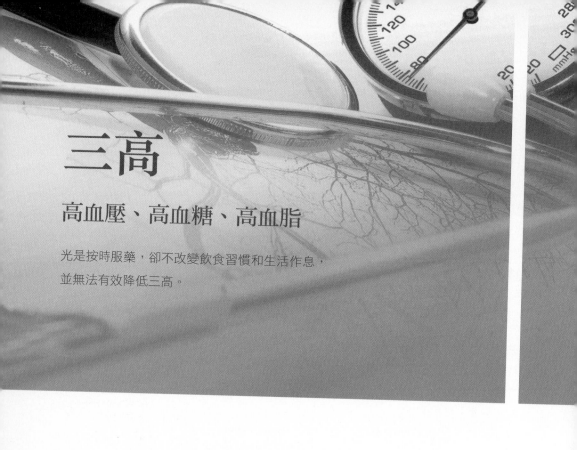

三高
高血壓、高血糖、高血脂

光是按時服藥，卻不改變飲食習慣和生活作息，
並無法有效降低三高。

三高，如影隨形的健康殺手

您是「中厚」老實的人嗎？先把皮尺拿出來，如果男性腰圍超過90
公分，女性超過80公分，就是代謝症候群的危險族群。

「新陳代謝症候群」不是一種特定的「疾病」，而是血壓、血脂、
血糖、腰圍異常的統稱。只要有三高（高血壓、高血糖或高血脂）其中
一高，就容易引發連鎖反應，譬如罹患糖尿病，很可能合併出現高血壓
及血脂肪異常，三者是如影隨形的健康殺手。

根據統計，台灣罹患代謝症候群的成人約有兩百八十九萬人，平均
約每五到六人就有一人，正被「三高」的鐮刀追殺。儘管健保藥費支出

你是代謝症候群患者嗎？

代謝症候群的判定包含以下五個指標：

■ **腰圍**：男性超過90公分、女性超過80公分。

■ **三酸甘油酯濃度**：超過150mg/dl。

■ **高密度脂蛋白膽固醇濃度**：男性低於40mg/dl、女性低於50mg/dl。

■ **血壓**：高於130/85mmHg。

■ **空腹血糖濃度**：高於110mg/dl。

只要出現其中一項症狀，就必須警覺是否有其他四個問題；只要符合或超過三項，就是代謝症候群。

的前十名，三高用藥就占了八項，耗費逾三百億元，但國人的十大死因中，與代謝症候群相關的死亡率還是高達35.7％；包括位居第二的心臟疾病、第三的腦血管疾病、第五的糖尿病以及原居第十的高血壓，平均少活了十二‧八年。用藥用得兇的台灣人，血糖、血壓和血脂控制率卻低於三成。

飲食偏頗，是三高的重要成因

在三高症候群中，最令人聞之色變的就是心血管疾病，包括心臟病、高血壓、中風、心肌梗塞、心律不整等，而且發病年齡有年輕化的趨勢。其中，每年罹患心肌梗塞的人口至少有九千人，許多人在毫無預警下猝死，所造成的傷害，比癌症更令人措手不及。尤其許多患者迷信醫藥萬能，以為只要按時服藥就能確保沒事，缺乏強烈意願改變飲食、

運動和睡眠等生活型態，使得悲劇一再發生。

以色列總理拉賓曾經中風、死裡逃生，卻還叫助理偷渡大魚大肉給他吃。像他這樣的心血管疾病患者大有人在，更多的人是送到醫院才發現血管都被油脂塞滿了。

心血管疾病有很多成因，一般都是以膽固醇量作為衡量標準，亦即總量膽固醇高於200mg/dl，就被視為高危險分子，其中壞的膽固醇（也就是低密度膽固醇）越高，致病的機率就越大。因為壞的膽固醇會堆積在動脈血管壁上，形成斑塊，使血管變厚、缺乏彈性而硬化，日積月累造成血管阻塞。

三酸甘油脂是另一個禍首，很多人只注意膽固醇，卻忽略三酸甘油脂這種中性脂肪要是太高，一樣會引起血管硬化。換句話說，血脂太高，意指壞膽固醇過高和三酸甘油脂都過高。

體重過重、缺乏運動、熱量太高、喜好大魚大肉、喝酒的人，容易招攬壞膽固醇上身；而大量的精製澱粉如白米、白麵、甜點及糖水，則會提高三酸甘油脂的濃度。抽菸也被列為是心血管疾病的危險因子，還有研究顯示，「蘋果形」（胖在腰圍）的身材比「酪梨形」（胖在大腿或臀部）身材，更容易罹患心血管疾病。所以，為了「心」的健康，千萬別讓自己找不到「腰」！

低脂、低鹽、高纖，是健康保證

三高症候群基本上都與飲食過度油膩、缺乏運動及肥胖有密切關

係，除了醫師診療、按時服藥之外，根本之道還需要改變生活習慣，學習控制體重、均衡飲食，盡量吃低脂、低鹽、高纖的食物。全食物精力湯就是很好的選擇，尤其三高族群多屬燥熱體質，可以多喝蔬果精力湯，降低體內的發炎物質，並增加膳食纖維攝取量。許多研究都已經證實，膳食纖維可以降低膽固醇、調節胰島素。

一九八五年，美國著名的心臟外科權威艾索斯丁醫師，在執行外科手術十多年之後發現，不斷切除病人的器官肢體、進行繞道手術和氣球擴張術，並不能降低心臟病的危險程度或是防止心臟病復發。於是，他開始使用最少量的降膽固醇藥物，以及非常低脂的全植物性飲食來治療冠心病患者。

他挑選了十八名病情最嚴重的病人，規定他們避免吃油脂、肉類、魚、家禽以及乳製品，零脂肪優格除外；他和太太也採取跟病人一樣的飲食方式。

這項研究為期五年，結果這些病人的血膽固醇從平均246mg/dl，降到平均132mg/dl。之前這些人曾經歷四十九次包括心絞痛、心臟病發、中風等心血管疾病和痛苦的治療過程，但在飲食治療過程中，這些病況不僅停止，甚至出現逆轉，有七成病人原本阻塞的動脈都暢通了。但其中有一名病人自行中斷這種飲食，兩年後又發生心絞痛，重新恢復全食物飲食之後，心絞痛就不再發作了。

這項研究證實，要逆轉心臟病病勢，效果最明顯的方法，就是將脂肪控制在只占總熱量攝取的10％。即便疾病已進入末期，只要採行低脂、低膽固醇的飲食方式，仍可大幅延長病人的壽命，甚至恢復健康。

蔬果穀物的「皮」也是關鍵

美國心臟學會指出，身體缺乏某些重要的營養，如多酚抗氧化劑，也是誘發心血管疾病的原因。而蔬果穀物含大量多酚——尤其在皮上，所以連皮帶籽吃全食物精力湯，是預防心血管疾病的最佳飲食。

主食最好採用全穀類，如糙米、燕麥、薏仁，都可降血脂和血糖。輔仁大學食品營養系教授蔡敬民，讓高血脂症患者每日食用薏仁60公克，經過四到六個星期觀察發現，患者的血膽固醇值明顯下降。「薏仁降血脂的效果，甚至優於過去公認降血脂最佳的燕麥。」只要每天吃50～100公克薏仁，就可以預防高血脂、高血壓中風及心血管疾病。

另外，不吃油膩及膽固醇高的食物，如奶油製品、內臟類、蛋黃、肥肉等；多攝取含有不飽和脂肪酸及抗氧化成分的食物，像是魚類、堅果、南瓜、番茄、菠菜及花椰菜等，都是降低心血管疾病發生率的最佳利器。尤其蔬果富含膳食纖維，可以幫助身體排除多餘的脂肪及膽固醇，每天至少要吃五～九份，高血壓及心血管患者則要十份以上。

改變飲食是循序漸進的，可以先從一天一杯全食物精力湯開始，通常由兩到三種水果、兩到三種蔬菜，以及堅果、全穀或豆類攪拌而成，用意在於補足過去忽略的蔬果與全穀攝取量。

另一方面，膳食纖維及全營養帶來飽足感，是對抗口腹之欲最好的法寶。吃下好的食物，相對也減少了油、鹽、糖和動物性脂肪的攝取。暖烘烘的豆米漿取代了油膩膩的排骨，富含纖維的全果汁當然比榨汁更健康，而且易於保持血糖穩定。

三高患者的飲食守則

■ 降血壓、降血脂

高血壓、高血脂患者可以試著用牛番茄、山藥、牛蒡和綜合堅果，調製番茄降壓精力湯。山藥黏液蛋白可維持血管彈性，薯蕷皂素補氣，而番茄的維生素A能強化黏膜、茄紅素抗氧化，是名符其實的降壓飲品。另外蒸熟的南瓜連皮帶籽加腰果、洋蔥，打成南瓜濃湯也很不錯。

■ 保護心臟

黃豆是公認的護心食物，用黃豆或黑豆加糙米飯、芝麻打成的高鈣芝麻豆漿，不僅護心、護腦還補鈣。

■ 降血糖

血糖值偏高或糖尿病患者，只要別加太甜的蔬果，如香蕉、西瓜、哈密瓜，還是能用其他蔬果打精力湯喝。像是各種芽菜、番茄、山苦瓜、紅蘿蔔、南瓜、奇異果、蘋果、鳳梨、梨子、芭樂、酪梨、檸檬、芽菜、結球萵苣、小松菜、洋蔥、大小黃瓜、西洋芹、青椒、甜菜根等，都是好吃又適合的食材。

苦瓜和牛蒡對糖尿病患特別有益。研究人員相繼在苦瓜中——特別是苦瓜籽，發現某些三萜類化合物有降血糖、抗發炎的效果，因此苦瓜又被稱為植物胰島素。牛蒡富含膳食纖維，每100克約含6.7克，是降膽固醇、血脂、血糖的理想食物，所含菊糖更是調整血糖的重要物質。如果嫌苦瓜、牛蒡味道重、不好吃，放入食物調理機，用一些蘋果、鳳梨壓味即可。

■ 選吃天然食材，避吃加工食品

選用天然、當令、新鮮的全食物，不讓身體再受各種毒素危害。像是海鮮、動物內臟、紅肉、油炸食物、奶油、甜食，三高患者都應忌口，加工肉品尤其要避免。蔬果、全穀、豆類多屬高纖、低升糖指數（GI）食物，既可清除血中的膽固醇，又可減緩葡萄糖的消化及吸收，降低餐後血糖和胰島素上升的幅度，對代謝異常有舒緩的功效。

■ 遵守醫院的飲食規定

最後仍要提醒，喝精力湯、吃全食物，一樣要注意份量，不要超過醫院規定的熱量和各類食物的份數，才能確保健康不傷身。

用心飲食，擺脫三高陰影
——營養師公會聯合會秘書長黃翠華

「若叫他們吃葡萄不吐葡萄皮，一定哇哇叫，因為咬不慣，
既吃得累、又不快樂，但連皮帶籽打成汁，就沒人抗議了。」

台灣一年吃掉三億顆降血壓藥！

可怕的心血管疾病都是由高血壓、高血脂引發的，高油、高糖、多
肉的現代人，除了膽固醇高，血壓也高。尤其四十歲一過，四分之一的
人血壓就先高了；六十歲以上，幾乎一半的人都有高血壓。根據統計，
台灣一年新增十萬名高血壓患者，高血壓人口數超過四百萬人，一年要
吃掉三億顆降血壓藥，平均國人每天要吞下八十萬顆血壓藥，然而整體
的高血壓控制率卻不到三成。

營養師黃翠華的先生也在六年前被診斷出高血壓。「四十多歲正值
壯年，卻得每天早晚按時服藥，出門還不能忘記藥袋，搞得好像是老先
生似的，怎麼想都覺得沮喪。」

一天兩顆藥，一年三百六十五天，吃到七十歲時就得吞掉一萬

四千六百顆藥錠，光用
想的就頭皮發麻，難道
後半輩子就這樣被藥物
控制嗎？既然高血壓大
多是飲食不當所造成，
身為營養師的她，更想
為丈夫設計出一套最健
康的膳食，「有沒有可
能透過飲食，讓他逐漸
擺脫藥物？」

怎樣才叫高血壓？

血壓分類	收縮壓	舒張壓
正常	<120 且 <80	
前期高血壓	120-139 或 80-89	
一期高血壓	140-159 或 90-99	
二期高血壓	≧160 或 ≧100	

營養，要吃下去才算數

　　摸索了一年，她發現精力湯是最理想的飲食。當令的蔬果、養生的
全穀、豆類，以及富含礦物質的堅果，可以一次吃到，補足每日所需的
營養素及膳食纖維。而且好喝順口，一家四口五年來每天都喝精力湯當
早餐，百種滋味，開心暢飲，半點都不用勉強。

　　「若叫他們吃葡萄不吐葡萄皮，一定哇哇叫，因為咬不慣，既吃得
累、又不快樂，但連皮帶籽打成汁，就沒人抗議了。」黃翠華表示，按
照得舒（DASH）飲食概念，高血壓患者需要大量膳食纖維，至少要包
括五份蔬菜、五份水果。但不管是生食或入菜，都很難達到這個份量，
尤其她先生本來就不愛吃菜，又有大腸癌家族史，讓她始終擔心家人蔬
果吃得不夠。

「營養，要吃下去才算數。」黃翠華笑說這是營養餐成功與否最重要的關鍵。一開始，為了讓先生、孩子適應新的愛心早餐，她選用蘋果、葡萄、香蕉、胡蘿蔔等香甜蔬果，加乳酸飲料一起打，先讓他們愛上「喝」早餐；養成習慣之後，即使放入孩子討厭的西洋芹、苦瓜，也都不成問題。「香蕉、葡萄連皮打，全家也喝得津津有味。」

　　現在，她把比菲多換成優酪乳，但是不倒進調理機打，而是減少精力湯的水量，調出蔬果版的espresso，再將優酪乳緩緩加入杯中，如同咖啡拉花一般，可愛極了。「親愛的，你的蔬果拿鐵好囉！」她每天都為家人獻上一杯，已經成了早晨的神聖使命。

回歸自然就是最好的方式

　　精力湯喝了一、兩年之後，她發現先生的血壓越來越穩定，醫生也認為可以逐漸減低藥量。在藥物、飲食加上愉快的心情，三管齊下的幫助之下，降血壓藥吃了兩年，醫生就宣布可以停藥了。現在只要維持健康的飲食作息，定時量血壓與複診即可；還買一送一，順道也改善了先生的排便狀況，從原本兩天一次，變成天天可暢快解放。腸道變乾淨了，長年壓在心上的石頭，總算可以放下。

　　不只先生的狀況改善，她也覺得自己的精神、體力都更好。以前覺得疲憊時，總會習慣吃維他命或營養品，但是自從開始打精力湯，黃翠華覺得回歸自然才是最好的方式，人工合成的製劑多是單一營養素，天然食物的均衡營養，才能發揮綜效。

　　「我最開心的是，兩個小孩因此養成了良好的飲食習慣。」健康的

身體是父母給孩子最好的禮物，現在好好吃，未來才會好。她總是一邊準備、一邊解說，有時一杯精力湯就包括了七、八種食材，每一種食物的好處講一點，經年累月下來，孩子們的腦海裡就建立了一套營養資料庫，自然知道什麼該吃，什麼不能碰。「同學搶著吃炸雞、披薩，他們一點興趣都沒有，連速食也很少吃。」

飲食教育需從小身體力行。黃翠華說，已經維持了五年，全家人應該可以快樂吃一輩子。

My Diet Tips
我的小偏方

蔬果拿鐵

▶ 最常使用的食材為番茄、葡萄、蘋果、豌豆嬰、香蕉、西洋芹、綜合堅果和亞麻仁籽，以當季蔬果為主，偶爾會放入鳳梨、柳丁。為了讓汁液更濃稠，需減少1/3水量，分倒入杯之後，再加入優酪乳。精力湯與優酪乳的比例為2：1。

黑糖豆漿

▶ 冬天全家人最愛的早餐。先將黃豆、黑豆、薏仁和黑芝麻蒸熟備用，要吃時再加入黑糖打成漿即可。

意外的苦難帶來健康的開始
——家庭主婦陳力瑜

「飲食真的不能隨便，千萬不要等到失去健康才醒悟。」

　　三高除了高血壓、高血脂引起的心血管疾病之外，另一高——糖尿病，是二十一世紀增加最快的慢性病。根據中央健保局統計，台灣約有一百二十萬名糖尿病患，四十五歲以上的民眾，每十個就有一人發病，多與不良的飲食習慣有關。肥胖是最重要的致病因子，一旦惡化，恐將引發各種致命的併發症。

　　陳力瑜的先生在六年前罹患糖尿病，原以為只要吃藥、看醫生就會好，沒想到輕忽的結果，竟是接連併發急性心肌梗塞和腦中風。看到最愛的人在面前昏倒，她完全嚇傻了。「半夜陪著跳上救護車，站在手術房前簽同意書，全身都在發抖，我真的腿軟。」意外以苦難的形式出現，卻也是他們邁向健康生活的開始。

一切都是白飯白麵惹的禍

發病之前，陳力瑜老覺得怪，一向個性溫和的先生，竟然動不動就摔門、發脾氣，原來這是糖尿病的徵兆。可惜當時她忙著上班，先生忙著做生意、應酬，三餐老是在外頭吃，她幾乎不下廚，也沒特別注意先生的飲食習慣。

「醫生說就是平常吃太好，才會生病。但我怎麼都想不透，他不算美食主義者，也很少大魚大肉，就愛吃飯吃麵而已啊。」

求助營養師之後，才明白一切都是精緻穀類惹的禍。她先生身材壯碩，食量很大，一餐要吃三十顆水餃，尤其偏愛麵食，可以連續兩個月天天吃水餃，要不就叫滿滿一大碗公的麵，又不愛吃青菜水果。「飯吃很多，但是血糖升得太快，馬上又餓了。」精製澱粉和糖類都是高升糖食物，缺乏主要營養，又容易導致過胖，是造成糖尿病和心血管疾病的元兇之一。她這才想起，公公也是天天喝可樂喝成糖尿病的，怎麼之前完全沒警覺心呢？

「嫁作人婦多年，卻是等到他生病，我才洗手做羹湯。」她自嘲完全不會燒菜，只能照著各種健康食譜學，拿了一台秤子仔細計算份量，少油少鹽少肉，不煎不炸，多菜少肉。最重要的是，將白米飯換成十穀米，買全麥麵粉自己做麵包、擀水餃皮，儘管做一條全麥土司要花上四到五個小時，她也甘之如飴。

「跟你拚了，忙一點，總比搭救護車好。」病後復健就是靠飲食和運動，沒有速成的偏方。

少量且多餐，巧思做變化

　　陳力瑜也天天陪先生散步，陪他吃同樣的食物。他對糙米、雜糧倒是不嫌，就是討厭吃青菜的習慣難改。「每次叫他吃蔬果，就說牙痛，左躲右閃。」病人的情緒多變，她選擇鼓勵而不強迫；不吃蘋果，她就打成汁，或是做成精力湯補充膳食纖維。「營養師設計先生一天要吃六餐，總得幫他做些變化，給些甜頭。」先生血糖太低時，她拿出雜糧餅乾；端午節想吃粽子，她遞上十穀粽；就連咖哩飯的勾芡，都自己打燕麥粉，取代太白粉和白麵粉。

　　「他非常愛吃桂圓粥，病後一陣子沒吃很想念。於是我修正材料，少放些桂圓和糯米，另外加入燕麥和十穀米一起熬煮，他一聞到香氣，眼睛都亮了。」

她笑著表示，為了做出健康點心，參考了很多食譜，《全食物密碼》裡的燕麥糕是夫妻倆的最愛，成為日常的小驚喜。「就當作獎勵囉！否則剛開始盯他的飲食習慣，還被叫小警察呢！」

　　經過六年的呵護調養之後，先生的血糖果然得到良好的控制，每三個月回診一次，血糖值多為98，也就是正常範圍內。一旦出現偏高的狀況，陳力瑜就會立刻注意餐飲的澱粉量；有一回升到160，她隔天就立刻調整早餐的總醣量與熱量，不久後又回歸正常。

　　「飲食真的不能隨便，千萬不要等到失去健康才醒悟。」經歷大病磨難，她與先生都學會了健康投資。

My Diet Tips
我的小偏方

全麥雜糧饅頭

作法：

▸ 先製作老麵：全麥麵粉400g、中筋麵粉100g、溫水200~220cc、黑糖40g、速發酵母3/4茶匙，揉成麵糰之後，放冰箱冷藏一天。

▸ 再加入少許中筋麵粉、10g沙拉油或橄欖油及適量鹽，與老麵糰揉勻之後，加進葵花籽、南瓜籽、枸杞、葡萄乾、核桃、杏仁等雜糧（建議打碎，口感較好），揉到表面光滑，再分切成塊，靜待30~40分鐘，待麵糰發酵後，開火蒸熟即可。

糖尿病患的精力湯藥方
—— 糖尿病病友全國協會秘書長林麗美

「只要配方及份量對了，糖尿病患一樣可以享受精力湯的好處。」

很多糖尿病患或家屬問我：「糖尿病患可以喝精力湯嗎？」為此我特地採訪中華民國糖尿病病友全國協會秘書長林麗美，她非常肯定地回答：「當然可以，只要配方及份量對了，糖尿病患一樣可以享受精力湯的好處。」林麗美可是真人實證，因為她喝了十幾年精力湯，即使二〇〇六年懷老二時罹患妊娠糖尿病，也未曾間斷。

減少水果類，一樣能降血糖

「有人認為糖尿病患不適合喝精力湯，是因為大家將精力湯和加糖的蔬果汁畫上等號，其實精力湯並不是只有蔬果成分。」以林麗美為例，她有兩套精力湯配方輪流使用。因為她的體質偏寒，因此早上會喝250cc豆類堅果精力湯墊底，晚餐前再喝200cc蔬果芽菜精力湯，即使懷孕、坐月子也是如此。

關於糖尿病，你該知道的事

■ 判斷指標

血糖值是血液中葡萄糖濃度表示的數值。空腹時血糖值在100mg/dl以下為正常；大於或等於126 mg/dl則視為糖尿病；數值介於100-125 mg/dl，為「前期糖尿病」，屬於糖尿病的高危險群。

■ 飲食守則

糖尿病最主要的相關因子是體重過重，最理想的飲食是高纖低脂，最好七成熱量來自全穀類和蔬菜水果；每天膳食纖維攝取量達70克，動物性食物每天攝取最多不超過2兩，並增加攝取黃豆製品以補充蛋白質。

　　她極力推薦豆類堅果精力湯。「這是最適合大眾飲用的精力湯，含有豐富的蛋白質、礦物質，不燥不熱，任何體質都可以喝。」她將煮熟的黃豆和糙米打成漿，加入可以抗氧化的黑芝麻，再加入混合堅果，就是一杯營養、好喝的精力湯。

　　這兩套精力湯配方，她吃了十幾年，直到她懷老二到七個月時，發現自己罹患妊娠糖尿病，才將蔬果芽菜精力湯配方減少水果類，改為水分較多的大黃瓜、西洋芹、芽菜、甜菜根，以及啤酒酵母片。

　　「自從得到妊娠糖尿病到孩子出生，我每天量七、八次血糖，那三個月至少量了上千次，每次血糖值都正常，一顆血糖藥也沒吃，而且孩子出生時是正常體重三千四百公克，連醫師都覺得不可思議。所以我可以證明，糖尿病患喝精力湯是沒問題的。」

其實，當林麗美得知自己罹患妊娠糖尿病時相當震驚。「我很嘔，不能接受自己會得妊娠糖尿病。」她自十七歲得到腎絲球腎炎以後，就非常注重飲食，並因此走上推廣健康飲食之路。沒想到有潔癖而大量使用清潔劑的她，竟因為環境賀爾蒙而得到妊娠糖尿病。

依照飲食型態，彈性調整配方

糖尿病患喝精力湯的真人實證，不只林麗美一人。當她婚後發現婆家有遺傳性糖尿病，她也趕緊買了一台全營養調理機送給婆婆，教她打精力湯。

因為公婆喜好的口味不同，婆婆每天早上會準備兩份精力湯。公公的精力湯配方是二蔬、二果、二芽菜，以自己栽種的明日葉及石蓮花為主，再加入奇異果、鳳梨、苜蓿芽等；婆婆的精力湯配方則以蘋果、苜蓿芽、香蕉為基底，再加三寶粉、自製的堅果醬及優格。

十三年來，每天喝精力湯加上運動，公公的糖尿病大有改善，而婆婆二十幾年來的便秘和耳鳴也好多了，再也不必像喝精力湯之前，得經常凌晨四點從九份出發，到台北國泰醫院排隊掛號拿藥了。

至於林麗美的老公在她細心照顧下，每年身體健康檢查的數字都是綠色的。「基本上，我吃什麼他就吃什麼，就連我懷孕、坐月子時也一樣。不同的是，因為他肉吃得比較多，所以喝蔬果芽菜汁多於豆類堅果奶。」尤其五年前，平常糖水不離手、三十歲出頭的小叔，因為糖尿病發幾乎奪走他的命，讓林麗美對老公的飲食更加謹慎。

根據國際糖尿病聯盟（International Diabetes Federation；IDF）估

計，目前全球糖尿病患者約有二・四億人，預計到二〇二五年人數將達三・八億人。而台灣目前約有一百二十萬名糖尿病患者，每天有二十八人死於糖尿病，位居國人十大死因前五名。

我列出這些數據，不是要嚇唬大家，而是要提醒各位不要輕忽糖尿病這個慢性殺手。由林麗美的故事可以得知，喝精力湯有助預防及改善糖尿病，希望這帖便宜又簡單的藥方，可以幫助大家遠離糖尿病威脅。

My Diet Tips
我的小偏方

豆類堅果精力湯

▶ 將煮熟的黃豆和糙米打成漿，加入可以抗氧化的黑芝麻，再加入混合堅果，就是一杯營養、好喝的精力湯。

公公的精力湯

▶ 二蔬、二果、二芽菜，以自己栽種的明日葉及石蓮花為主，再加入奇異果、鳳梨、苜蓿芽等。

婆婆的精力湯

▶ 以蘋果、苜蓿芽、香蕉為基底，再加三寶粉、自製的堅果醬及優格。

高血脂

·健康吃·

飲食需求

多量纖維，可降血脂。
豐富單元不飽和脂肪酸，可降低壞膽固醇。
不飽和脂肪酸，可降血脂。

註：食譜雖細分三類，但除了高血糖患者需注意醣類份量，大部分三高皆適用

銀耳薏仁蓮子鹹湯

哪些人也適用？／化療、過敏患者；減重、美白者

食材

▶ 乾白木耳 8g ▶ 糙薏仁 80g ▶ 蓮子 50g ▶ 鹽 1/2茶匙 ▶ 冷開水 1500cc

作法

1 將薏仁及蓮子洗淨備用。

2 將白木耳洗淨，加入冷開水，浸泡約30分鐘後將蒂頭剪去（約剩80g）備用。

3 將所有食材倒入電鍋中（也可使用微電腦壓力鍋，依照豆類方式烹調），外鍋加 3杯水蒸熟。

4 將蒸好的食材放入容杯，蓋緊杯蓋，打1分鐘即可完成。

叮嚀

▶ 白木耳加蓮子、薏仁，可幫助化療患者提升白血球數量，補充體力。

·營養即時通·

薏仁

富含可溶性膳食纖維，尤其是沒去掉紅色外皮的糙薏仁，可降低血中膽固醇，效果甚至優於過去公認降血脂最佳的燕麥，尤其可降低三酸甘油脂和低密度膽固醇（壞膽固醇）。

蓮子

中醫認為具有補腎養心、補脾益胃的功用，現代醫學研究則發現，蓮子心所含生物鹼具有強心功能，可維持神經傳導性、肌肉的伸縮性和心跳的節律、毛細血管的滲透壓，所以不怕蓮心苦的人，最好整顆使用。

成品約1500cc 6份

熱量	375.9Kcal
脂肪	4.4g
蛋白質	16.2g
醣類	67.7g
膳食纖維	16.8g
鈉	439mg

M
E
N
U
·
0
2

香芹亞麻仁籽精力湯

哪些人也適用？／減重者

食材

▸ 苜蓿芽 15g　▸ 鳳梨 150g　▸ 百香果 1顆（或百香果醬1大匙）

▸ 蘋果 1顆（約200g）

▸ 西洋芹 15g　▸ 乾海帶芽 3g　▸ 亞麻仁籽 1大匙　▸ 冷開水 350cc

作法

1　將乾海帶芽浸泡冷開水30分鐘，泡發後備用。百香果洗淨，挖取果肉及籽備用。

2　將所有食材置入容杯，啟動電源，打30~40秒即完成。

· 營養即時通 ·

亞麻仁籽

含不飽和脂肪酸，可降低壞膽固醇；豐富的Omega-3可降血脂，預防動脈硬化、心血管疾病。其可溶性纖維能讓血糖和膽固醇控制在理想水平，還可幫助糖尿病患者降低三酸甘油脂，提高胰島細胞分泌胰島素的功能。不過完整的亞麻仁籽外殼堅硬，很難消化，事先磨粉、榨油，又極易氧化，所以最好的方法就是食用前用全食物調理機擊破細胞壁，攝取新鮮的全營養。

百香果

富含維生素A、C，1顆百香果的維生素C含量等於8顆柳丁或8顆蘋果。鉀含量非常高，每100公克大約有350毫克，比西瓜還高，不只具有利尿作用，還可預防高血壓。

西洋芹、海藻類

西洋芹熱量低、纖維高，含鉀量高，還有豐富的胡蘿蔔素和多種維生素，對於高血壓及肥胖有不錯的預防效果。海藻類含有藻膠酸、碘、鉀等，可以降低膽固醇、預防動脈粥樣硬化。

成品約750cc 3份

熱量	235.2Kcal
脂肪	7.5g
蛋白質	6.0g
醣類	42.1g
膳食纖維	9.5g
鈉	126mg

MENU.03

熱亞麻可可

哪些人也適用？／憂鬱症患者

食材

▶ 亞麻仁籽 2大匙　▶ 可可粉 2大匙

▶ 黑糖 2大匙　▶ 熱開水 500cc

作法

▶ 將所有食材置入容杯，啟動電源，打30~40秒
即完成。

叮嚀

▶ 熱量低、口味佳，可作為咖啡的替代品。

成品約600cc 2份	
熱量	128,1Kcal
脂肪	2.9g
蛋白質	2.6g
醣類	23.7g
膳食纖維	2.5g
鈉	14.2mg

· 營養即時通 ·

可可粉

含有類黃酮、可可多酚等植化素，可延緩血管壁細胞老化，維持血管彈性，降低壞膽固醇、增加好膽固醇，故近來也被推薦飲用以保護心血管。臨床實驗發現，可可中的化學成分可以增加大腦的供血量，還能提高血液中一氧化氮的合成，緩解糖尿病導致的血液循環問題。

亞麻仁籽

亞麻仁籽的必需脂肪酸和Omega-3脂肪酸，對調降血脂肪以避免動脈硬化有所助益。

MENU.04

米饅頭

食材

▶ 糙米 150g　▶ 紫米 70g　▶ 地瓜 150g　▶ 小麥 210g　▶ 中筋麵粉 490g

▶ 原色冰糖 80g　▶ 發酵粉 15g　▶ 冷開水 450cc

作法

1 將糙米、紫米及地瓜洗淨，加入450cc冷開水，放電鍋內煮成紫米地瓜稀飯。

2 將小麥放入調理容杯內，開機打約1分鐘，至小麥由顆粒轉為粉狀為止。

3 將小麥粉、中筋麵粉及發酵粉混合均勻，並於工作桌上堆成粉牆備用。

4 將紫米地瓜稀飯及原色冰糖放入容杯，蓋緊杯蓋，打約1分鐘（至容杯有點溫熱），過程中使用攪拌棒協助調理。完成後將容杯中的紫米地瓜泥倒入粉牆內混合，並揉至不沾手，且麵糰表面有光澤度為止。

5 將麵糰放置室溫下，蓋上保鮮膜，醒約1小時（麵糰膨脹至約2倍大即可）。

6 將麵糰取出，搓揉出空氣，再依個人喜好分切成適當的大小，在室溫下醒第二次（約10分鐘），即可放入電鍋或蒸籠蒸熟（使用電鍋時，外鍋放1杯半水；蒸籠則等水開後以大火蒸15分鐘）。

7 也可直接將麵糰放入冷凍室冷凍保存，不需要讓麵糰再醒第二次，有需要時再拿出，待退冰後放入電鍋，外鍋加入一杯水蒸熟即可。

叮嚀

▶ 吃不完的隔夜飯或粥，經過巧手也能變成美味點心。

· 營養即時通 ·

麵粉

市面90%全麥麵粉都是一般麵粉＋麩皮，米饅頭則以天然未精製的糙米、五穀米、紫米取代過度加工的白麵粉，提高營養價值，帶有水分、Q感十足，號稱饅頭界的「湯種」。

成品約16個

熱量	3821.6Kcal
脂肪	17.7g
蛋白質	108.2g
醣類	793.9g
膳食纖維	49.6g
鈉	103mg

地瓜

有豐富的寡糖及粗纖維,天然的甜味不易造成齲齒,是「腸道好菌」增殖的促進劑,
可幫助排便,減少有毒物質在體內停留的時間。

MENU.05

紫蘇梅石蓮花凍

哪些人也適用？／肝炎、尿酸患者

食材

【紫蘇梅蒟蒻果凍】

▶ 紫蘇梅汁 50cc　▶ 蒟蒻果凍粉 2大匙　▶ 熱開水 250cc

【石蓮花果凍】

▶ 石蓮花 300g　▶ 膠凍粉 2大匙　▶ 蒟蒻果凍粉 1大匙　▶ 紫蘇梅汁 1大匙

▶ 熱開水 500cc

作法

1　將紫蘇梅汁、蒟蒻果凍粉、熱開水依序放入調理容杯中，打30秒。

2　將未凝結的紫蘇梅蒟蒻果凍倒入模型或容器中，靜置約10分鐘，待冷卻凝結後
　　取出，切成適當大小，放入果凍杯中。

3　將石蓮花、膠凍粉、蒟蒻果凍粉、紫蘇梅汁、熱開水放入調理容杯，打30秒。

4　將未凝結的石蓮花果凍倒入已放置紫蘇梅蒟蒻果凍的杯中，靜置30分鐘，即完
　　成紫蘇梅石蓮花凍。

叮嚀

▶ 用紫蘇葉、石蓮花、檸檬加蘋果、鳳梨打汁飲用，也可降血壓、血脂。

· 營養即時通 ·

石蓮花

富含膳食纖維，鈣、鉀、鎂、鐵等礦物質，維生素C、B1、B2、B6、葉酸、菸鹼酸、
β-胡蘿蔔素及其他微量元素。中醫典籍記載，石蓮花有涼血散瘀、消腫止痛、清熱解
毒之效，主要用於肝、腎、血壓、尿酸的相關疾病，在日本則盛行提供給高血糖患者食
用。石蓮花容易生長，在家中陽台即可栽種，沾梅粉生食也相當可口。

成品約650cc

熱量	330.1Kcal
脂肪	0g
蛋白質	0.3g
醣類	82.5g
膳食纖維	0g
鈉	0mg

紫蘇梅

由紫蘇葉和梅子製成的紫蘇梅汁具有高量的 β-胡蘿蔔素和 α-亞麻油酸，能防止體內細胞氧化，提高免疫機能，減少膽固醇和血糖值。

MENU.06

薏仁核桃豆漿

食材

▶ 蒸熟黃豆 120g ▶ 核桃 30g ▶ 蒸熟紅薏仁 250g
▶ 原色冰糖 1大匙 ▶ 熱開水 600cc

成品約1000cc	4份
熱量	656.6Kcal
脂肪	32.3g
蛋白質	30.1g
醣類	68.5g
膳食纖維	18.2g
鈉	16mg

作法

1 黃豆催芽及蒸熟方法請見92頁。

2 將紅薏仁洗淨,用冷開水浸泡5小時。

3 將浸泡好的紅薏仁放入電鍋煮熟(外鍋放5杯水)。

4 將蒸熟的黃豆、核桃、熱開水及原色冰糖依序置入容杯,打1分鐘。

5 打開杯蓋,放入煮熟的紅薏仁,啟動電源,將調速鈕由1轉至10,
  再由10轉回1,來回3次,利用轉速的變化切碎紅薏仁後即完成。

· 營養即時通 ·

黃豆

其中約50%的脂肪為亞麻油酸,
屬於人體需要的不飽和脂肪酸,有
助降低心血管疾病的發生。最近的
臨床研究亦顯示,黃豆中的異黃酮
素可抑制體內膽固醇的合成;其他
的物質如植物固醇及皂素,亦能阻
止飲食中膽固醇的吸收。

核桃

含有豐富亞麻油酸(58%)以及次亞麻油酸
(12%),都是人體必需的脂肪酸。它的次
亞麻油酸是屬於omega-3型式的脂肪酸,對降
低血脂、膽固醇有相當顯著的效果。膳食纖
維豐富,每100克含有9.7克;還含有數百種
相當微量的植化素,包括一些多酚類化合物
等,而美國心臟學會認為,缺乏多酚抗氧化
劑,也是誘發心血管疾病的原因。

洋蔥番茄湯

哪些人也適用？／各年齡層

食材

▶ 牛番茄 2顆　▶ 洋蔥 1/2顆　▶ 糙米飯 半米杯

▶ 燕麥片 半米杯　▶ 鹽 1/4茶匙　▶ 麵包丁 少許　▶ 熱開水 600cc

作法

1 牛番茄洗淨去蒂，放入滾水中汆燙1分鐘備用。

2 洋蔥汆燙備用（如不講究口感，生洋蔥效果更佳）。

3 將牛番茄、洋蔥、糙米飯、燕麥片、鹽和熱開水置入容杯，蓋緊杯蓋，
　打1分半鐘，完成後倒入容器中，加上麵包丁即可。

叮嚀

▶ 熱量低、不油膩，營養均衡，可當正餐，適合各年齡層。

▶ 非三高患者可用少許好油將洋蔥、番茄炒香，增加口感。

· 營養即時通 ·

番茄、洋蔥

番茄富含茄紅素、β-胡蘿蔔素和維生素C，這些強力抗氧化劑除了抗癌，也可減少細胞發炎，降低動脈硬化的風險。所含的鉀有助血壓正常；維生素B6加上葉酸，可降低血液中同半胱胺酸的濃度，減少心臟病罹患機率。越紅的番茄，茄紅素越多，外皮的茄紅素則多於果實兩到三倍，千萬別剝皮吃；而且茄紅素不能貯存在體內，所以要常吃。另外，哈佛醫學院心臟科教授克多格爾威治博士則指出，每天生吃半顆洋蔥或喝等量的洋蔥汁，平均可增加心臟病人約30%的高密度脂蛋白膽固醇含量。

糙米飯、燕麥片

兩者都富含膳食纖維，尤其燕麥中的β-葡聚醣可溶性纖維，降膽固醇和血糖效果顯著。糙米和燕麥也都有豐富的維生素B群可以幫助代謝。

富含鉀、鎂的蔬果可降血壓，每日蔬果各五份以上。
若同時有糖尿病，應慎選糖分較低之水果。
若同時有腎臟病，應與醫師討論是否適合高鉀、鎂食物。
中醫角度：高血壓為實性體質，清熱可降血壓。

火龍果優格

哪些人也適用？／腸胃不好、便秘、憂鬱症患者

食材

▶ 火龍果 2顆（約360g）　▶ 香蕉 2根（約200g）　▶ 原味優酪乳 500cc
▶ 冷開水 350cc

作法

1　將火龍果洗淨去皮切塊，內層紫色果皮含豐富花青素，可用小刀刮下一起打。
2　將火龍果、香蕉及冷開水置入容杯，開機打40秒。
3　打開杯蓋，倒入原味優酪乳，蓋緊杯蓋，啟動電源，將調速鈕由1轉至10，再由
　　10轉回1，來回3次，利用轉速的變化攪拌食材後即完成。

叮嚀

▶ 市售優酪乳含糖量較高，過多的熱量和糖分不利於體重、血脂肪和血糖的控制，
　　應選不加糖的原味優酪乳，或在有機店買乳酸菌自製優酪乳。

·營養即時通·

火龍果

含有一般植物少有的植物性蛋白、花青素和高量的可溶性膳食纖維，具有減肥、降低膽
固醇、潤腸、預防大腸癌等功效；不含焦糖和蔗糖，對高血壓、糖尿病、高尿酸有食療
效果，是糖尿病患可食用的水果之一。其植物性白蛋白，可包覆結合體內重金屬排出體
外，並可保護胃壁。火龍果的種籽富含不飽和脂肪酸，花青素含量比葡萄還高，具有抗
氧化、抗衰老的作用，用全營養調理機擊碎，更能幫助吸收。

成品約1200cc **5份**

熱量	804.0Kcal
脂肪	7.8g
蛋白質	21.9g
醣類	175.6g
膳食纖維	10.9g
鈉	200mg

香蕉

中醫認為香蕉性寒可清熱,也是水果中含鉀量最高的,每100公克果肉中含量高達472毫克。含鎂量也高,還有豐富的可溶性膳食纖維,有助於降血壓、血脂,也可預防便秘、抗憂鬱。

優酪乳

富含乳酸菌,取代開水打精力湯,更有利腸內益菌繁殖,促進人體自然免疫功能,降低血膽固醇。富含蛋白質、鈣、磷、鉀及維生素A、B1、B2、B6、B12、葉酸、菸鹼酸,也可增加精力湯的營養成分。

MENU.02

牛蒡濃湯

哪些人也適用？／便秘患者；減重、預防攝護腺增生

食材

▸ 南瓜 100g ▸ 牛蒡 150g ▸ 洋蔥 50g ▸ 西洋芹 30g ▸ 紅蘿蔔 50g

▸ 熱開水 750cc ▸ 葡萄籽油 1大匙 ▸ 鹽 少許 ▸ 義式香料 少許

▸ 麵包丁 少許

作法

1 將南瓜洗淨，切塊，連皮帶籽放入電鍋蒸熟（外鍋1杯水）。

2 將牛蒡（皮的營養價值很高，用棕刷或菜瓜布將外皮搓洗乾淨即可）、洋蔥、西洋芹及紅蘿蔔（同牛蒡）洗淨，切塊。

3 炒鍋中放入葡萄籽油，將洋蔥、牛蒡、西洋芹、紅蘿蔔放入，拌炒至蔬菜稍微軟化後，加入蒸熟的南瓜及750cc熱開水一起煮，煮滾後熄火。

4 將煮滾的熱湯放入容杯，蓋緊杯蓋，打2分鐘。

5 將打好的濃湯放入調理器皿中，加入少許鹽、義式香料及麵包丁，即可完成。

· 營養即時通 ·

南瓜

含豐富的膳食纖維、環丙基胺基酸及微量元素鋅、鉻，有助於防治糖尿病。南瓜籽含有豐富的泛酸——維生素B15，可以緩解靜止性心絞痛並有降壓作用；豐富的不飽和脂肪酸則能預防或改善攝護腺增生。

西洋芹、洋蔥、胡蘿蔔

西洋芹高鉀、高鐵、高膳食纖維、低熱量，可降血壓、血脂。洋蔥具有促進血凝塊溶解、降血脂、擴張冠狀動脈和增加外周血管血流量作用。胡蘿蔔含高達四百九十多種植化素，尤其 β-胡蘿蔔素含量豐富，還有多量的鉀、鈣、鎂、鐵等礦物質，以及維生素A、B、C；另還含有一種特殊成分，有助於降低血糖，所以被稱為「窮人的人參」。

成品約1100cc 4份

熱量	369.7Kcal
脂肪	16.8g
蛋白質	7.3g
醣類	52.1g
膳食纖維	14.2g
鈉	80mg

牛蒡

有「東洋人蔘」之稱，膳食纖維含量是竹筍的三倍，可改善便秘、預防直腸癌，降低膽固醇。所含菊糖可調整血糖，益於糖尿病保健；菊糖亦是一種寡糖，可提高腸道益菌數量，維持腸道功能。牛蒡還含有抗自由基的多酚類，尤其根皮上較多，削皮會損失很多這類成分。所幸牛蒡根病蟲害少，沒有農藥殘毒問題，又長在地底，也沒有空氣污染問題。

MENU.03

葡萄柚精力湯

哪些人也適用？／脂肪肝患者；美白、減重者

食材

▶ 豌豆苗 10g　▶ 苜蓿芽 10g　▶ 西洋芹 60g　▶ 葡萄柚 1/2顆（約100g）
▶ 鳳梨 150g　▶ 綜合堅果 1大匙　▶ 冷開水 540cc

作法

1 將葡萄柚去皮、去籽，盡量保留白色果皮。
2 將所有材料置入容杯，蓋緊杯蓋，打40秒即完成。

叮嚀

▶ 葡萄柚會抑制肝臟對藥物的代謝，導致藥效加強，所以不要和心絞痛、高血壓、
　降血脂、抗組織胺等藥物併用；服藥前後兩個小時再吃葡萄柚，比較安全。

· 營養即時通 ·

葡萄柚

熱量很低，鉀含量很高，膳食纖維尤其豐富，一顆中型葡萄柚所含的膳食纖維就有10公
克，相當於一般水果的2倍、或一份燕麥的3倍，是降血壓、血脂聖品。柑橘類水果同時
含有豐富的肌醇，有助於增加體內好的膽固醇，降低血管硬化及脂肪肝的發生率。葡萄
柚也含有類黃酮，能增加毛細血管壁的滲透性與抵抗力，有益心血管。

成品約800cc 3份

熱量	197.9Kcal
脂肪	7.7g
蛋白質	5.6g
醣類	29.6g
膳食纖維	4.6g
鈉	7.4mg

MENU.04

茄汁燉飯

哪些人也適用？／便秘患者；減重、預防口角炎

食材

【米飯】

▸ 小米 5g　　　▸ 碎玉米 5g　　　▸ 蕎麥 15g

▸ 裸麥 15g　　　▸ 紅扁豆 15g　　　▸ 埃及豆 15g

▸ 糙米 25g　　　▸ 野米 25g　　　▸ 冷開水 700cc

【醬汁】

▸ 番茄 4顆（約500g）　▸ 洋蔥 1/2顆（約120g）

▸ 蘋果 1/2顆（約100g）▸ 九層塔 少許

▸ 蒜瓣 少許（約3g）　▸ 鹽 1/2茶匙

▸ 巴西利 少許　　　　▸ 橄欖油 1大匙

> 成品約3人份
>
> 熱量　658.9Kcal
> 脂肪　19.2g
> 蛋白質　16.5g
> 醣類　109g
> 膳食纖維　15.4g
> 鈉　57mg

作法

1. 先將米飯的食材洗淨瀝乾後，加冷開水，浸泡約3小時。

2. 將番茄250g、洋蔥及蒜瓣放至容杯中，蓋緊杯蓋，將調速鈕調到刻度3，啟動電源，切碎食材後取出備用。

3. 將另外250g番茄、蘋果、九層塔、鹽及巴西利放入容杯中，開機打40秒，成泥狀後取出食材。

4. 炒鍋內放少許橄欖油，將作法2切碎的食材放入，拌炒至洋蔥鬆軟呈透明狀。

5. 再放入作法1泡好的米飯及作法3打成泥的食材，以大火煮至沸騰後，轉小火，續滾約20~30分鐘，直至湯汁收乾，即完成茄汁燉飯。

叮嚀

▸ 營養均衡，適合各年齡層，可作為主食。

五穀雜糧

種類繁多,多種混合比單一種類營養更好。未經加工的全穀類富含泛酸、維生素B群,作為主食可幫助熱量代謝,並富含膳食纖維,可增加飽足感,促進腸胃蠕動,延緩醣類吸收,幫助控制血糖。維生素含量豐富,B2可預防口角炎、青春痘;E可預防衰老。胺基酸、胱胺酸可促進頭髮生長、烏黑亮麗;豐富的磷質促進腦部發育,乙醯膽鹼能幫助神經傳達,增強記憶力。豆類含豐富的大豆蛋白及不飽和脂肪酸,可預防心血管疾病;多量的鉀可維持體內水分平衡,預防高血壓;豐富的鎂與磷則是造骨的重要元素。

大蒜

特殊的蒜素成分有殺菌、保健效果,還能降低膽固醇的合成,化解血小板過度聚集,舒張血管,是保護心臟的好食物。

番茄、洋蔥、蘋果、橄欖油

都有益心血管疾病。

· 高血壓健康吃 ·

香蕉精力湯

哪些人也適用？／便秘、憂鬱症患者

食材

▸ 豌豆苗 10g　▸ 苜蓿芽 10g　▸ 鳳梨 100g
▸ 蘋果 1顆（約200g）　▸ 香蕉 1根（約100g）
▸ 綜合堅果 1大匙　▸ 冷開水 400cc

作法

▸ 將所有材料置入容杯，打40秒即完成。

成品約900cc　**3份**

熱量	347.8Kcal
脂肪	8.5g
蛋白質	7g
醣類	68.8g
膳食纖維	6g
鈉	15.6mg

· 營養即時通 ·

香蕉

水果中含鉀量最高，可降低高血壓和心血管疾病的罹患機率；同時含有血管升壓素環化酶抑制物質，可抑制血壓升高，防止血管硬化。香蕉含大量可溶性纖維，有助於降低血中膽固醇濃度，避免血糖急速上升；豐富的果膠還可健胃整腸、通便止瀉。香蕉更是食物中錳的最佳來源之一，錳與白血球的功能相關，可增強免疫力，並幫助鈣的吸收和利用。香蕉中所含的血清素、正腎上腺素及多巴胺，為腦中神經傳遞物質，具有抗憂鬱的作用，會使人產生平靜愉快的感覺。

鳳梨

含豐富的維生素B1及消化酵素，可以幫助人體消化吸收，加強代謝功能，有助於消減中廣的腹圍。

苜蓿芽、蘋果、綜合堅果

高纖、低熱量，可預防及改善動脈粥樣硬化。蘋果也是高鉀水果，並含有豐富果膠；綜合堅果含多元不飽和脂肪酸，皆有益心血管健康。

西瓜薑汁

哪些人也適用？／腎炎患者；利尿

食材

▶ 西瓜 600g　▶ 老薑 9g

作法

▶ 西瓜洗淨，刮除綠皮，保留白色果瓢，
連皮帶籽放入調理機容杯；老薑洗淨，保留皮，
放入容杯，打40秒即完成。

叮嚀

▶ 擔心過涼或想增加風味，可加老薑。

▶ 糖尿病人和腎衰竭病人不可多食西瓜，一次最好勿超過50公克。

成品約600cc 3份	
熱量	147.1Kcal
脂肪	0.6g
蛋白質	3.7g
醣類	35.9g
膳食纖維	2.1g
鈉	80mg

・營養即時通・

西瓜

含水分93.8％，但汁液中幾乎包含人體所需養分。西瓜汁所含的糖、蛋白質和微量鹽，
能消煩、止渴、利尿、降低血脂、軟化血管、降低血壓。西瓜仁也是一味良好的降壓利
尿藥，皮的白肉部分則含豐富維生素C及珍貴化合物，如配醣體、枸杞鹼、菸鹼酸和稀
有元素鋅，所以刮除綠皮、連皮帶籽打成全西瓜汁，能吸收到最多營養。西瓜含蛋白
酶，可將不溶性蛋白質轉變為可溶性蛋白質，增加腎炎病人的營養，有助減少尿蛋白
量。紅色西瓜富含穀胱甘肽、番茄紅素和胡蘿蔔素等抗氧化物質，具多重抗癌效應。

薑

含有薑醇類成分，可以抑制血小板凝集，減少心血管疾病；美國臨床研究發現，每天吃
生薑3公克，可以減輕或抑制關節疼痛。薑辛辣，生食不易，跟西瓜一起打成汁，滋味
不錯。俗云：「冬吃蘿蔔夏吃薑，不勞醫生開藥方。」夏天吃薑還可以消除內寒（不少
人的體質是外熱內寒），真是很不錯的搭配。

低脂、高纖、低熱量。
最新研究顯示，豆類和堅果有益糖尿病患。
避免精製澱粉、高油、高糖、過鹹食物及加工肉品。

MENU.01

芭樂精力湯

哪些人也適用？／化療患者；止瀉、美白、減重者

食材

▶ 豌豆苗 10g ▶ 苜蓿芽 10g ▶ 芭樂 200g ▶ 蘋果 1顆（約200g）
▶ 綜合堅果 1大匙 ▶ 冷開水 400cc

作法

▶ 將所有材料置入容杯，蓋緊杯蓋，打40秒即完成。

· 營養即時通 ·

芭樂

熱量低，纖維多，維生素C含量高達330毫克，只要吃鮮果100克，就可滿足一天維生素C的需要量，是非常適合三高患者的水果。其中果皮的維生素C含量最多，千萬不要削皮。種籽含鐵量是熱帶水果中最多的，所以不要挖掉，一起加入調理機打成綿密的果汁或果泥，可以吸收最多營養。芭樂為高C水果，可促進胃腸道黏膜細胞快速恢復功能，並能減少放療及化療期間的腹瀉情形，但便秘的人不要多吃。

堅果

為低升糖指數食物，僅會適度增加血糖濃度，卻可明顯增加體內的好膽固醇，降低糖尿病患者罹患心臟病的機率。同時，一項長達十六年的追蹤研究證實，堅果的鎂和纖維有助於胰島素和血糖濃度維持平衡，可以預防第二型糖尿病。

成品約800cc　3份

熱量	225.7Kcal
脂肪	8.2g
蛋白質	5.6g
醣類	36.9g
膳食纖維	12.2g
鈉	18.6mg

南瓜腰果漿

哪些人也適用？／糖尿病、高血壓動脈硬化患者

食材

▶ 蒸熟南瓜 250g（連皮帶籽）

▶ 腰果 30g

▶ 熱開水 540cc

作法

▶ 將所有材料置入容杯，蓋緊蓋子，打40秒即完成。

成品約800cc **3份**

熱量	321.5Kcal
脂肪	14.3g
蛋白質	12g
醣類	42g
膳食纖維	5.2g
鈉	6.7mg

· 營養即時通 ·

南瓜

含維生素Ａ、Ｃ、Ｅ和豐富的膳食纖維，鉀含量高，鉻含量居各類蔬菜之首。許多研究人員致力於南瓜防治糖尿病的研究，提出南瓜中的果膠、環丙基胺基酸及微量元素鋅、鉻可能對防治糖尿病發揮主要作用。

腰果

世界四大乾果之一，果仁中的油酸可預防動脈硬化、心血管疾病；亞麻油酸則可預防心臟病、腦中風。其維生素B1的含量僅次於芝麻和花生，有補充體力、消除疲勞的效果，適合易疲倦的人食用。

桂圓養生粥

哪些人也適用？／肝病、肺氣腫、慢性支氣管炎、化療患者

食材

▶ 乾白木耳 5g　▶ 蒸熟山藥 35g　▶ 蒸熟百合 25g　▶ 去籽紅棗 4顆

▶ 南杏 25g　▶ 桂圓 10g　▶ 五穀飯 1米杯　▶ 熱開水 500cc

作法

1 將白木耳洗淨泡冷開水約半小時，去掉蒂頭，蒸熟備用（泡完後約會有50g）；
  南杏洗淨放入滾燙水中汆燙5分鐘後，將水瀝乾備用。

2 將白木耳、山藥、百合、紅棗、杏仁、桂圓及熱開水放入調理機容杯內，蓋緊
  杯蓋，打1分鐘。

3 打開杯蓋，放入五穀飯，蓋緊杯蓋，啟動電源，將調速鈕由1轉至10，再由10
  轉回1，來回3次，利用轉速的變化切碎五穀飯後即完成。

叮嚀

▶ 五穀飯是高纖食物，可減緩血糖上升速度。

▶ 適用於三高、肝病、肺氣腫、慢性支氣管炎，以及化療患者減少副作用、增加白
  血球數量。

· 營養即時通 ·

山藥

碳水化合物含量只有米飯的一半，熱量更只有米飯的40％，對需要控制醣類及熱量的糖
尿病、高血脂與心血管患者，是營養又健康的主食。山藥所含的膽鹼及黏質多醣體、薯
蕷皂苷素等，不僅能降血糖、降血脂，還能抗氧化、防癌、防老、改善腸胃症狀。

白木耳、百合、紅棗

白木耳豐富的可溶性纖維可降血糖，並含類胡蘿蔔素、菸鹼酸，可預防便秘、高血壓、
血管硬化，減輕老年的慢性支氣管炎和咳喘。百合可清熱滋陰、潤肺生津。紅棗富含環
磷酸腺苷，能擴張血管、增加心肌收縮力，對防治心血管疾病有良好作用。

成品約800cc 3份

熱量	302.7Kcal
脂肪	15.2g
蛋白質	9.0g
醣類	36.0g
膳食纖維	12.2g
鈉	345mg

MENU.04

鳳梨苦瓜汁

哪些人也適用？／腎臟病患者；美白、減重者

食材

▶ 山苦瓜（連皮帶籽） 150g ▶ 鳳梨 250g ▶ 檸檬果肉 30g

▶ 蜂蜜 1大匙（依個人狀況） ▶ 大豆胜肽 1大匙 ▶ 綜合堅果 1大匙

▶ 冷開水 300cc

作法

▶ 將所有食材置入容杯，啟動電源，打30~40秒即完成。

· 營養即時通 ·

苦瓜

富含維生素C及一種特殊的苦瓜鹼，這種苦味對胃、肝相當有益；含生物類黃酮，可增加血管彈性，有助於降血壓及膽固醇。苦瓜中的多肽類物質有明顯的降血糖作用，並可增加胰島素敏感性，還有清脂素幫助減重。苦瓜籽內含胰蛋白酶，能促進糖分分解，使過剩糖分轉化為熱量，降低血糖，減少體脂肪，也含有植物性荷爾蒙，所以千萬要保留，一起打汁。研究發現，山苦瓜整體都有療效，而且生食效果最好。

青檸檬、鳳梨

和柚子一樣，含有一種近似胰島素的成分──枸櫞苷，能降血糖和血脂肪。鳳梨含有豐富的維生素、鉀、錳和膳食纖維。

蜂蜜

有些學者認為蜂蜜可用於治療糖尿病，據說在其中發現有一種類似胰島素的物質。但考慮到蜂蜜中含糖量很高，所以糖尿病患在血糖、尿糖不穩定的情況下，還是不吃為宜。當血糖獲得控制後，如果要吃，則應該扣除等量主食。

成品約750cc 3份

熱量	271.4Kcal
脂肪	7.7g
蛋白質	6.9g
醣類	49.3g
膳食纖維	6.2g
鈉	18mg

甜椒淋醬

食材

▶ 紅甜椒 20g　▶ 無糖優格 1米杯　▶ 山藥 60g　▶ 蘋果 1顆（約200g）
▶ 水果醋 2大匙

作法

1 將紅甜椒去蒂、去籽、切片，置於烤箱中，上下火160度，每15分鐘翻面一次，烤30分鐘。

2 將烤熟的紅甜椒、山藥及蘋果放入容杯中，蓋緊杯蓋，打1分鐘，並使用攪拌棒協助調理。完成後加入水果醋及無糖優格，蓋緊蓋子，啟動電源，將調速鈕由1轉至10，再由10轉回1，來回3次，利用轉速的變化攪拌食材即完成。

叮嚀

▶ 這是一道低脂、低熱量，但含有豐富營養和抗氧化物質的淋醬，可以佐食生菜沙拉作為調味醬。

成品約600cc

熱量	257.7Kcal
脂肪	3.5g
蛋白質	6.1g
醣類	54.6g
膳食纖維	5.6g
鈉	68mg

MENU.06

番茄精力湯

食材

▶ 小番茄 約200g ▶ 紅蘿蔔 50g ▶ 蘋果 1顆（約200g）

▶ 去籽金桔 2顆 ▶ 紫蘇梅汁 30cc ▶ 綜合堅果 1大匙

▶ 冷開水 250cc

成品約750cc (3份)

熱量　340.3Kcal
脂肪　10.1g
蛋白質　7.0g
醣類　61.1g
膳食纖維　6.6g
鈉　81mg

作法

▶ 將所有材料置入容杯，蓋緊杯蓋，打40秒即完成。

叮嚀

▶ 用大番茄取代小番茄，含醣量更低。

· 營養即時通 ·

番茄

高纖、低脂、含多量的膳食纖維和豐富的茄紅素、β-紅蘿蔔素等各種植化素，及維生素 C、B、P等，有助於降血脂、降血糖。

金桔果皮

含超氧化物歧化酶——簡稱SOD，以及酚類化合物如類黃酮類、花青素；同時有80%的維生素C在果皮中，所以一定要連皮吃；籽有苦味，可去除。

胃病

攪拌是使食物容易消化吸收、
又能保存所有營養的最簡單、有效率的方法。
——安‧威格摩爾博士

別把牙齒該做的事全丟給胃

　　自從我先生癌症開刀之後，我就非常關心他的身體狀況，尤其是飲食，會提高致癌風險的肉類、加工食品都很少吃。前陣子他回醫院做健康檢查，不但沒有復發跡象，肝臟功能還比過去更好，不過卻診斷出輕微的食道逆流症狀，醫生笑他：「一定沒有聽老婆的話。」

　　「吃太快造成的。」我馬上想到之前他出任公職，每天忙得焦頭爛額，壓力大、行程又排得緊，吃飯也在拚速度，連多嚼一下都怕浪費時間，把牙齒該做的事全丟給胃，長期負荷下來，就是鐵胃也會出問題。

　　根據統計，台灣平均每十個人中，至少就有一人有胃食道逆流的問

題，工作壓力、飲食和作息不正常，都是造成胃食道逆流的主因。最常見的症狀就是「溢赤酸」與「火燒心」，飯後老覺得脹氣、反酸、噁心，甚至嘔吐。另外，長期消化不良也容易導致胃炎、胃潰瘍，我有一位朋友就深受其害，她說胃潰瘍一發作起來，簡直痛得只能蹲在地上發冷，站都站不直！

我很能體會這種痛苦，過去我也是慢性胃炎患者，胃照三餐在痛，一天要吃好幾種藥，還曾經痛到在床上打滾送急診。可是自從我開始打精力湯喝，這毛病慢慢就不再犯了。最近照胃鏡，醫生說我連慢性胃炎的痕跡都不見了，可見喝精力湯對胃是有益的。

精力湯能幫胃預先消化

有位醫生告訴我：「這就叫預先消化。」因為在攪拌的過程中，已經先把粗纖維磨細，減少胃的負擔。事實上，我們原本就該把食物嚼得那麼細再吞下去，但大多數人都沒那個耐性，難怪隨著生活節奏加快，胃病人口也逐年增加。

蔬果含有強力抗氧化物質，可降低發炎，修復傷口，又容易消化。經過調理機事先充分攪碎，能幫腸胃省下不少力氣，還可以優先修復經過的食道、胃、十二指腸等消化道。所以，精力湯對於胃腸不好、食道逆流、胃發炎或潰瘍的患者，是一項很好的選擇。

大力推廣精力湯、並且幫助許多人重獲健康的安·威格摩爾博士，對此有很深體認。她說：「攪拌（Blending）是使食物容易消化吸收、

又能保存所有營養，最簡單又有效率的方法。」她用這套飲食方式讓自己的直腸癌、氣喘、關節炎和偏頭痛等，經過三年調養不藥而癒，之後基於傳教士的善心，她又設立了好幾個健康中心供重症病人療養。

她發現大部分在她那兒療養的病人，除了癌症或其他嚴重的病症之外，都有消化系統的問題，營養不能吸收，廢物又排不掉，病當然好不了。而把全食物加以攪拌，不僅能解決病人營養吸收和排泄的問題，還可以把身體原本用以消化吸收的能量省下來，轉而用來加強自癒力，難怪許多病人都能順利康復。

纖維要磨碎，並切忌生冷、牛飲

不過，還是有很多人問我，食道逆流、胃潰瘍可以喝精力湯嗎？因為不少人反而喝出胃潰瘍。有一次我演講完，一位聽眾告訴我，她一發現自己得到癌症，就開始喝精力湯調養身體，只不過癌症是控制住了，胃卻受傷，轉變成胃潰瘍。後來她改用我所推薦的全營養調理機打精力

湯，才逐漸康復。我聽說有些調理機不能磨碎纖維，反而會加重胃的負擔，沒想到還真的碰上真人實例，讓我深自慶幸還好一開始就選對了機器，否則胃「痛上加痛」，我一定很快就放棄這個方法。

　　除了選對機器之外，還有幾點要注意。如果打精力湯當早餐喝，最好起床時先喝一杯溫開水，半小時之後再喝精力湯。冰冷的食物傷胃，最好前一晚先將蔬果拿出冰箱，保持室溫再打精力湯。另外，喝的時候千萬不能牛飲。不妨優雅一點，小口咀嚼，讓湯汁跟唾液充分混合再吞下去，以避免脹氣引起胃不舒服。

　　很多人覺得胃病不是病，常常自行買成藥解決，久了就從慢性胃炎拖成胃潰瘍、萎縮性胃炎，甚至胃癌。所以，如果胃經常不舒服，應該先行就診，了解胃痛的原因——是飲食造成，還是與壓力、情緒有關？胃痛是因為胃躁熱還是虛寒？先釐清方向，再找到最適合自己的食材，配合精力湯的療養，相信胃炎、食道逆流的狀況很快就能改善。

胃病患者的飲食守則

■ 飯前一定要放鬆情緒

引發胃病的原因很多，壓力是其中一個重要因素。可以先聽聽音樂、伸伸懶腰、拉拉耳垂、按摩耳朵，舒緩情緒後再進食。吃飯時一定要細嚼慢嚥，每一口飯最好咀嚼三十下以上，兩邊牙齒次數均等。

■ 戒食、減食、慢食

酒、咖啡、濃茶、辛辣調味料都要忌口。如果非得又急又趕，寧可不吃，或者少吃，否則對胃傷害更大。七分飽是一句老話，不過最新研究顯示，老鼠如果減食30%，不僅活得久，而且老化得慢。所以減食、慢食是保持青春、健康、長壽最省錢的好方法。

■ 選擇益胃的食材打精力湯

胃炎或胃潰瘍患者喝精力湯，可以多選擇對胃有益的食材。含維生素A、C的蔬果有助保護黏膜及傷口癒合；蘋果可健胃整腸；葡萄性平，暖胃健脾；高麗菜是天然胃藥。山藥也可保胃，不過生山藥食用過量會刺激胃酸，又易脹氣，所以胃潰瘍病人應以熟食為主。秋葵也是益胃的蔬菜；香蕉可舒緩胃酸對胃黏膜的刺激；木瓜幫助消化，都是很好的食物。

■ 控制糖分攝取

根據中醫觀點，甜食傷脾胃，會導致脹氣、消化不良。打精力湯時，太甜的乾果或蔬果，最好不要加或少加，打奶漿類也少加糖。

■ 注意寒熱平衡

如果擔心蔬果太寒，可加些杏仁果、核桃、腰果等堅果，可以幫助寒熱平衡，同時避免食用纖維太粗糙的蔬果及乾果。剛開始也可先嘗試溫熱的精

力湯，胃炎患者雖不適合吃糙米、五穀米等粗食，以免刺激胃黏膜，但是打成奶漿就沒有這層顧慮，還可以吸收全穀的營養；如番薯五穀米漿、南瓜精力湯、芋頭五穀鹹粥、青花椰濃湯（胃弱可以不加起司）等都相當不錯。四神湯健胃補脾，用電鍋煮熟了，放進調理機一打，也是暖胃健身的精力湯，但有便秘的人要少吃。

■ **其他注意事項**

▶ 避免空腹時食用酸度較高的食物（如鳳梨、柳丁、橘子），最好飯後再吃。

▶ 牛奶遇到胃酸會凝固，造成消化的負擔。過去認為牛奶可以中和胃酸，現在發現效果有限，反而會刺激胃部分泌更多的胃酸。

▶ 飯前不要大量喝水，以免沖淡胃液。

▶ 飯後不宜立即吃冰冷食物，因為胃消化需要保持攝氏37.5度，冰冷食物會使胃的消化作用暫停，導致消化不良。

▶ 水果最好在兩餐中間吃。

■ **胃食道逆流飲食注意事項**

▶ 固體食物宜與液態食物分開在不同時間食用。

▶ 飯後勿立刻躺下或伏案工作，這些都會造成胃酸逆流。

▶ 飲食盡量避開產氣食物，如洋蔥、青椒、大蒜、豆莢類。

▶ 含糖食物和加工食品也要少吃。

胃病
·健康吃·

低油高纖飲食，不僅可預防、也可治療消化性潰瘍。

十二指腸潰瘍患者採高纖飲食，復發機率較低纖飲食者少一半以上。

可溶性纖維比粗纖維對消化道黏膜刺激更少、好處更多，用攪拌機將纖維攪碎至極細緻，可享受高纖好處，卻不致刺激潰瘍，並減少胃部負擔。

多元不飽和脂肪酸如亞麻油酸，可抑制幽門螺旋桿菌生長，預防消化性潰瘍。

MENU.01

羅宋粥

哪些人也適用？／減重者

食材

▶ 紅蘿蔔 120g　▶ 馬鈴薯 100g　▶ 洋蔥 160g　▶ 牛番茄 2顆　▶ 高麗菜 100g

▶ 豬肉 100g（視個人喜好）　▶ 白米 1/4米杯　▶ 冷開水 700cc　▶ 橄欖油 少許

作法

1 白米洗淨，放入電鍋內鍋中備用 。

2 將紅蘿蔔、馬鈴薯、洋蔥和牛番茄洗淨切塊，倒入已加橄欖油的炒菜鍋中，一同拌炒後起鍋。

3 將作法2的材料倒入調理機容杯，加入700cc的冷開水，蓋緊杯蓋，打30秒。

4 打開杯蓋，高麗菜洗淨放入容杯，蓋緊杯蓋，將調速鈕調至1，打約5秒（調理過程中，可使用攪拌棒稍做擠壓）。

5 將容杯內的食材倒入電鍋內鍋，外鍋加3杯水，蒸熟後即完成無添加調味料的健康羅宋粥。

6 此道羅宋粥口感較清淡，可視個人喜好，加入豬肉或少許鹽調味。

叮嚀

▶ 動物性食物較難消化，絞碎成泥可以減少對胃黏膜的刺激。

（不含豬肉）
成品約1500cc 6份

熱量	546.3 Kcal
脂肪	17.7g
蛋白質	12.3g
醣類	87.6g
膳食纖維	12.2g
鈉	145mg

（含豬肉）
成品約1600cc 6份

熱量	670.5 Kcal
脂肪	22g
蛋白質	32.3g
醣類	87.6g
膳食纖維	12.2g
鈉	199mg

高麗菜

含豐富的維生素C、K1、U，其中K1與U是抗潰瘍因子，可改善胃疾及十二指腸潰瘍、緩解胃痛。

紅蘿蔔、牛番茄、馬鈴薯

紅蘿蔔、牛番茄含多量 β-紅蘿蔔素、茄紅素；馬鈴薯含維生素C，且有豐富的可溶性纖維，又攪碎到極細緻，使營養更易消化吸收。

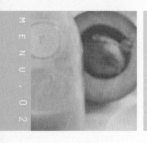

MENU.02

酪梨精力湯

哪些人也適用？／美白、減重者

食材

▸ 豌豆苗 10g　▸ 酪梨 100g　▸ 鳳梨 150g

▸ 蘋果 1顆（約200g）　▸ 冷開水 250cc

作法

▸ 將所有食材依序放入容杯，蓋緊杯蓋，
打40秒即完成。

叮嚀

▸ 適合胃炎、潰瘍患者食用。

成品約600cc　2份

熱量	195.3Kcal
脂肪	1.3g
蛋白質	3g
醣類	47.3g
膳食纖維	6.6g
鈉	10.6mg

· 營養即時通 ·

酪梨

含有多元不飽和脂肪酸，可抑制幽門螺旋桿菌生長，預防或緩解消化性潰瘍。

蘋果

含豐富可溶性纖維，可以降低十二指腸潰瘍發生率。

MENU.03

南瓜蒸蛋

哪些人也適用？／肝病患者

食材

▶ 蒸熟南瓜 200g（連皮帶籽）　▶ 雞蛋 2顆　▶ 冷開水 50cc

作法

1　將南瓜外皮刷洗乾淨，連皮帶籽切塊後，放入電鍋內鍋，外鍋放2杯水
　　蒸熟，放涼備用。

2　將蒸熟南瓜和冷開水置入容杯，蓋緊杯蓋，打1分鐘，過程中使用攪拌
　　棒協助調理。

3　打開杯蓋，將蛋打入容杯中，蓋緊杯蓋，啟動電源，將調速鈕由1轉至
　　10，再由10轉回1，來回3次，利用轉速的變化攪拌食材。完成後打開
　　杯蓋，倒入容器中放至蒸籠，以中火蒸5分鐘，再轉小火蒸10分鐘，即
　　可完成。

· 營養即時通 ·

南瓜

類胡蘿蔔素含量最豐富的食物。類胡蘿蔔素可抗自由基，調整免疫功能，加強細胞傳
導，刺激人體產生解毒酵素，再加上維生素C、E的抗發炎和修復能力有助潰瘍癒合，而
且果肉柔軟，易於消化吸收。

成品約3碗

熱量	278.3Kcal
脂肪	11.3g
蛋白質	18.1g
醣類	27.5g
膳食纖維	3.4g
鈉	151mg

MENU.04

芋頭糕

哪些人也適用？／三高、慢性腎炎患者；止瀉

食材

▶ 在來米 2米杯 ▶ 芋頭 300g ▶ 白胡椒粉 少許 ▶ 鹽 1/2茶匙
▶ 冷開水 900cc

作法

1 將在來米洗淨，用540cc的冷開水浸泡3~4個小時備用。

2 將芋頭洗淨、去皮、切塊。

3 蓋緊杯蓋，將調速鈕轉至刻度2，啟動電源，打開透明小上蓋，將芋頭塊置入容
杯中切碎（量多時可使用攪拌棒協助）。完成後倒入電鍋內鍋，並加入360cc的
冷開水混合。

4 將在來米及浸泡的水、鹽及白胡椒粉置入容杯，蓋緊杯蓋，打5分鐘，打到變成
稠狀。

5 打開杯蓋，將打好的米漿倒入電鍋內鍋中，與切碎的芋頭混合，放進電鍋，外
鍋加3杯水蒸煮，蒸好後待冷卻脫模，即完成芋頭糕。

· 營養即時通 ·

芋頭

中醫認為芋頭有開胃生津、消炎鎮痛、補氣益腎等功效，用以主治胃痛、痢疾、慢性腎
炎等。芋頭的澱粉顆粒小，容易消化，所含膳食纖維也非常高，約為米飯的4倍，與許
多蔬菜相當，有助於消化道修復及通便。芋頭還含有氟，可以預防蛀牙。

成品約1盤 8~10份

熱量	1432.8Kcal
脂肪	6.3g
蛋白質	32.1g
醣類	304.5g
膳食纖維	8.4g
鈉	21mg

· 胃病健康吃 ·

MENU.05

番薯南瓜奶漿

哪些人也適用？／呼吸道過敏、便秘患者；保護支氣管

食材

▶ 蒸熟紅番薯 60g　▶ 蒸熟南瓜 60g（連皮帶籽）

▶ 綜合堅果 30g　▶ 熱開水 300cc

作法

▶ 將所有食材依序放入容杯，蓋緊杯蓋，打40秒即完成。

叮嚀

▶ 適合慢性胃炎患者食用。

成品約450cc **2份**

熱量	278.6Kcal
脂肪	14.1g
蛋白質	8.0g
醣類	33.0g
膳食纖維	3.4g
鈉	31mg

· 營養即時通 ·

紅番薯、南瓜

含豐富 β-紅蘿蔔素，以及維生素C、E，皆是高纖，且多為可溶性膳食纖維，有助於保護胃黏膜和呼吸道黏膜。但番薯較易產氣，喝時宜小口咀嚼，與唾液多混合。

堅果

含有豐富的多元不飽和脂肪酸，可以降低心血管疾病並抑制幽門螺旋桿菌。但堅果容易刺激胃壁，不好消化，和蔬果一起打成濃稠的果汁或果泥可減少消化負擔。

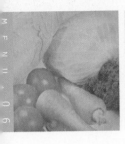

MENU06

田園濃湯

哪些人也適用？／腎臟病患者

食材

▶ 牛番茄 1顆（約150g）　▶ 西洋芹 40g

▶ 洋蔥 40g　▶ 紅蘿蔔 40g　▶ 高麗菜 40g

▶ 味霖 45cc　▶ 鹽 1/4茶匙　▶ 熱開水 360cc

▶ 黑胡椒粒 少許（視個人喜好）

成品約750cc　3份

熱量	188.6Kcal
脂肪	1.1g
蛋白質	3.3g
醣類	43.1g
膳食纖維	5.2g
鈉	278.2mg

作法

1 將牛番茄、西洋芹、洋蔥、紅蘿蔔及高麗菜燙熟備用。

2 將牛番茄、西洋芹、洋蔥、紅蘿蔔、味霖、鹽及熱開水置入容杯，蓋緊杯蓋，打1分半鐘。

3 打開杯蓋，加入高麗菜後再蓋緊杯蓋，啟動電源，將調速鈕由刻度1轉至10，再由10轉至1，來回3次。完成後倒入容器中，撒上黑胡椒即可完成。

叮嚀

▶ 此道濃湯低鈉、低鉀、低磷、低蛋白，腎臟病患亦適用。

・營養即時通・

高麗菜

含維生素K、U，可促進胃黏膜的修復，改善胃潰瘍、十二指腸潰瘍所引起的不適，被稱為廚房中的胃藥。日本並有研究發現，高麗菜等十字花科蔬菜所含的硫配醣體，能殺死幽門螺旋桿菌，有抑制胃炎的功效。

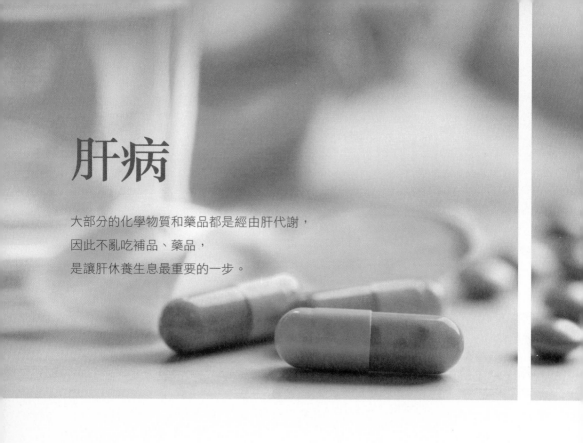

肝病

大部分的化學物質和藥品都是經由肝代謝，
因此不亂吃補品、藥品，
是讓肝休養生息最重要的一步。

　　台灣的B肝罹患率世界第一，B肝帶原者高達三百萬人。每年有超過萬人死於慢性肝炎等相關疾病，名列十大死因的第八位，其中有七千人死於肝癌、五千人死於肝硬化。不過，大部分的慢性肝炎發作時都很難察覺症狀，等到會疼痛，情況都已經相當嚴重了。

　　「肝不好，人生是黑白的！」這句大家耳熟能詳的廣告語，宣示了肝的重要性。肝是人體內最大的器官，負責醣類、脂肪、蛋白質、維生素和礦物質等營養素的合成、代謝、儲存、活化和運送。幫助體內脂肪消化的膽汁，也是由肝負責製造。

　　解毒是肝臟另一重要功能。肝細胞可以將有毒物質如酒精、藥物等轉變成無毒物質，再經膽汁或尿液排出體外，所以肝臟也被稱為人體的

化學工廠。肝功能的正常與否，還會影響到免疫機能、造血系統、凝血功能和血漿容積。

小心肝所發出的健康警訊！

然而，肝也是最沉默的器官，一來沒有神經分布幫它傳達感覺；其次，肝即使只剩三成功能，仍會照常運作。因此當察覺症狀時，肝往往已經到了崩潰邊緣，把人生逼近黑暗角落，這也是肝病可怕的地方。

好消息是，肝也是人體中唯一有再生功能的器官，即使正常肝細胞低於25%，還是可以再生成正常的肝臟。所以只要好好護肝，黑白的人生並不難轉換成彩色人生。

肝病中最可怕的是猛爆性肝炎，常常在短時間內急速惡化，讓醫護人員束手無策；最常見的則是病毒性肝炎，如大家熟知的A、B、C、D、E型肝炎。A型和E型屬於急性肝炎，大多會自我痊癒並產生抗體；B、C、D型會導致慢性肝炎，其中B肝和C肝更會引發肝癌及肝硬化。近幾年，由C肝引起的肝癌則有逐年增加的現象。

另一種常見的現象叫「脂肪肝」，是指肝細胞的脂肪含量增加、聚積，成因可能是體重過重、血脂肪過高（包括膽固醇及三酸甘油脂）、急性或慢性肝炎、糖尿病控制不佳、酗酒或藥物所導致。由於國人脂肪肝的比例相當高，幾乎達四成，所以醫病雙方經常都不以為意，但其實這已是一個警訊。

我先生在發現罹患肝癌前四年，就已檢查出有脂肪肝，但當時並沒

有把它當成警訊，也沒有採取任何行動來改善生活型態，繼續抽菸、熬夜、大塊吃肉、終日忙碌、很少運動，而終於讓肝「癱瘓」。如果當時稍微留意，也許肝癌可以更早發現，不至於讓自己陷入險境。

護肝第一步：吃食物不吃食品

　　我也是B肝帶原者，出生就從母親垂直感染B肝病毒；也曾因為工作忙，不注重養生和飲食，讓肝臟出現纖維化的現象，照超音波時，醫生還提醒我，肝臟看起來很粗糙，有點像砂紙。肝纖維化是肝硬化的前奏曲，如果再不呵護照顧，恐會繼續發炎惡化，這對我的健康真是一記嚴厲的警告！

　　我的護肝第一步就是：吃食物不吃食品。食品內摻雜太多人工添加物，像是色素、防腐劑、香料，進入人體都變成毒，會加重肝臟負擔。接著，我改變烹調習慣，盡量低溫炒菜或燙煮、涼拌，避免讓高溫油炸、煎烤所產生的致癌物質繼續傷害肝臟，也避免過量的脂肪影響肝功能。高糖的糕餅糖果、容易受黃麴毒素污染的食物如花生、玉米，也在限制或少吃之列。

　　改掉好吃炸物和熬夜等不良生活習慣之後，我開始喝精力湯，積極養生。喝了一段時間之後，就不再聽到醫生說我的肝粗粗的了，肝指數和超音波檢查也顯示一切正常。而我先生最明顯的感受就是，喝精力湯比較不容易感覺疲勞，所以每天早上一定要來一杯；儘管這一兩年勞心勞力，醫生卻發現他的肝比四年前更好。可見只要供給適當的營養，善

待自己的身體，即使是B肝帶原或者有慢性肝炎、肝癌病史，病毒也活躍不起來。

均衡營養，才有助於修補工程

很多人常常問，吃什麼能補肝？其實不亂吃補品、藥品，讓肝休養生息是護肝最重要的一步，因為大部分的化學物質和藥品都是經由肝代謝。

其次重要的是均衡飲食。雖然蛋白質對肝臟的健康相當重要，但大魚大肉、攝取過量蛋白質反倒會加重肝臟負擔。大量的新鮮蔬果不僅能抗癌、保心，也能護肝。因為肝臟進行各種新陳代謝作用時需要的酵素

和維生素，在新鮮蔬果中含量最豐富。尤其蔬果富含植化素和強力抗氧化劑，可以幫助肝臟抗發炎、減少脂肪吸收；酵素則可以幫助消化，清除毒素，減少肝臟負擔；膳食纖維也能預防便秘，帶走體內毒素，調節代謝功能。

中醫認為綠色入肝，將一些綠色蔬果，如奇異果、小黃瓜、小松菜、萵苣等，加上苜蓿芽、綠豆芽等芽菜，搭配鳳梨、蘋果和堅果，調製成綜合精力湯或特調精力湯，對肝都相當好。另外，黃豆、綠豆及豆芽菜含有卵磷脂及多種維生素、蛋白質，卵磷脂可以乳化肝臟和血管中的脂肪，構成卵磷脂的膽鹼也是肝細胞的主要補給原料。所以用煮熟的全黃豆加綠豆、糙米飯打成濃濃的豆漿，也有助於保肝護肝。慢性肝炎患者的肝臟機能衰退，解毒和排毒能力不若正常人，飲食也是越清淡越好。以最自然的方式攝取均衡的營養，就是給肝臟最好的滋補。

是肝有毛病，還是生活習慣出問題？

很多人經常覺得疲勞、倦怠、渾身酸痛，以為自己的肝或腎有問題，看醫生卻檢查不出病因。這可能是生活習慣不良造成的亞健康狀態，但也有可能是營養缺乏引起。事實上，身體若長期缺乏某種營養素，也會導致器官機能失常，譬如缺少維生素B群會容易疲累、昏沉，也容易得到癌症。可以多吃糙米、全麥，或在精力湯中添加小麥胚芽、酵母粉或花粉，以補充B群。

肝病患者的飲食守則

肝炎病毒潛伏在身體裡，就像休眠中的巨獸。常保心情愉悅、作息正常，三餐也吃得健康均衡，它就會一直沉沉睡去；可是一旦過度疲累，吃下過量的肉類、油炸物和人工添加物，就會像在體內放鞭炮，給了病毒攻擊肝臟的機會。有位雜誌的總編輯就說，他有喝精力湯，肝功能指數就正常，可是若一段時間忘記喝，數值又會明顯往上升。因此日常飲食要注意以下幾點：

■ **調節飲食質量**

如果出現脂肪肝、肝硬化或已是慢性肝炎患者，生活上更要注意不喝酒、不抽菸、不亂吃成藥。動物性蛋白質最好控制在15%以下，以魚、蛋和家禽為主，少吃紅肉；蔬菜、水果、豆類和堅果則要多吃。

■ **精力湯是天然的養肝法**

可以把綠豆芽等芽苗加水果打成精力湯，或者將煮熟的全穀、豆類和根莖蔬菜，打成濃湯或米漿，補充營養、幫助吸收。

■ **嚴控鹽分和水分**

肝硬化腹水的病人，飲食上必須控制鹽分和水分的攝取，喝精力湯應該少加水，打成濃漿或泥狀，分多次食用。

■ **注意體質平衡寒熱**

如果擔心病人體質過於虛寒，不適合吃涼性蔬果，可多用蘋果、葡萄、紅蘿蔔、芝麻、紅棗等溫熱屬性的食材，或以煮熟的根莖類和豆穀打漿，像是南瓜加糙米、洋蔥、腰果打成南瓜濃湯，黑豆加紅棗打成濃漿。

肝病
·健康吃·

慢性肝炎：新鮮天然、均衡清淡、多蔬果、高抗氧化。
急性肝炎：高熱量、高蛋白，以加速修護、幫助肝細胞再生。
肝硬化：依情況限制蛋白質攝取量。
腹水：限鹽、限水。

MENU. 01

葡萄藍莓精力湯

哪些人也適用？／化療、三高患者；防癌

食材

▶ 苜蓿芽 10g　▶ 紫高麗菜 15g　▶ 葡萄 150g　▶ 蘋果 1顆（約200g）　▶ 藍莓 60g
▶ 綜合堅果 1大匙　▶ 冷開水 350cc

作法

▶ 將所有材料置入容杯中，蓋緊杯蓋，打40秒即完成。

·營養即時通·

葡萄

所含丹寧酸能減少病毒活力。葡萄籽和皮內含丹寧酸、兒茶素、花青素最多，其中花青素的抗氧化效果是維生素C的20倍、維生素E的50倍，除了預防癌症、保護心血管，尚可促進食欲，改善消化不良，降低肝病毒，減輕發炎。所以吃葡萄一定要連皮帶籽。

藍莓

有抗氧化力極強的花青素和單寧酸，可以減輕消化系統的發炎症狀。

紫高麗菜

含花青前素、異硫氰酸鹽及吲哚。異硫氰酸鹽可刺激肝臟解毒酵素的活性以助排毒，含量是普通高麗菜的4倍，纖維也比白色高麗菜多但較硬，故宜攪碎或以紫高麗芽代替。

成品約750cc 3份

熱量	299.2Kcal
脂肪	8.4g
蛋白質	5.4g
醣類	44.9g
膳食纖維	3.3g
鈉	21.7mg

MENU.02

小麥草精力湯

哪些人也適用？／三高患者；防癌

食材

▸ 小麥草 50g　▸ 鳳梨 200g　▸ 蘋果 1顆（約200g）　▸ 綜合堅果 1大匙
▸ 冷開水 300cc

作法

1 將小麥草和冷開水置入容杯，蓋緊杯蓋，打20秒。完成後打開杯蓋，將小麥草汁倒出，以過濾網濾渣後備用。

2 將鳳梨、蘋果及綜合堅果置入容杯，蓋緊杯蓋，打20~30秒，過程中使用攪拌棒協助調理。

3 打開杯蓋，將作法1的小麥草汁倒入果泥中，蓋上杯蓋，啟動電源，將調速鈕由1轉至10，再由10轉回1，來回3次，利用轉速的變化攪拌食材即完成。

· 營養即時通 ·

小麥草

富含葉綠素，有助於造血，還有豐富的胺基酸、礦物質、維生素B，可協助肝臟淨化血液，中和細胞內的毒素，《本草綱目》已記載麥苗可清熱解毒。不過小麥草汁較寒，可加堅果以中和其寒性；且味道苦澀，所以加入蘋果、鳳梨調味，亦可用大麥草取代。

鳳梨、蘋果

含有豐富的酵素可幫助消化，減輕肝臟負擔；蘋果的豐富果膠也有助排除體內毒素。

成品約700cc 3份

熱量	280.1Kcal
脂肪	7.7g
蛋白質	5.4g
醣類	53.8g
膳食纖維	5.7g
鈉	10mg

MENU.03

黑豆山楂枸杞飲

哪些人也適用？／高血脂患者

食材

▶ 蒸熟黑豆 50g　▶ 山楂 15g　▶ 枸杞 30g　▶ 黑糖 20g　▶ 熱開水 500cc

作法

1 山楂、枸杞洗淨，用熱開水浸泡約1小時。

2 將所有食材置入容杯，蓋緊杯蓋，打2分鐘即完成。

叮嚀

▶ 適合脂肪肝、慢性肝炎患者食用。

· 營養即時通 ·

黑豆

有18種胺基酸，蛋白質含量高達36~40%，相當於肉類含量的2倍、雞蛋的3倍、牛奶的12倍，可加速肝細胞修復。維生素E、B含量很高，可抗發炎、增加活力，還含有2%的蛋黃素，可防止大腦因老化而遲鈍。黑豆的浸泡、蒸熟方法同黃豆（見92頁）。

山楂

現代藥理學研究顯示，山楂可以促進脂肪分解，幫助消化，適合肥胖、脂肪肝、病毒性肝炎患者食用，還有抑菌、降血脂、強心等功能。

枸杞

富含胡蘿蔔素、維生素、人體必需的蛋白質。枸杞子多醣是一種水溶性多醣，可改善人體新陳代謝、促進蛋白質合成、加速肝臟解毒和受損肝細胞的修復；並有抑制膽固醇、三酸甘油脂的功能，還能有效減少脂肪褐素的堆積，抑制脂肪肝形成。

成品約600cc 3份

熱量	254.8Kcal
脂肪	3.1g
蛋白質	12.5g
醣類	46.5g
膳食纖維	8.9g
鈉	159mg

MENU.04

山藥薏仁奶漿

哪些人也適用？／銀髮族、重病、體弱者

食材
- ▸ 蒸熟山藥 150g（蒸熟後重量不變）　▸ 蒸熟薏仁 150g（約生薏仁40g）
- ▸ 紅棗 12顆（約60g）　▸ 蒸熟芡實 150g（約生芡實45g）　▸ 冷開水 100cc

作法
1 將紅棗洗淨、去籽後，與冷開水一起放入電鍋中蒸熟備用。
2 將蒸熟的山藥、薏仁、芡實、紅棗及蒸紅棗的水一起放入容杯，蓋緊杯蓋，打
　 60秒即完成。

叮嚀
- ▸ 適合肝病腹水病人食用。除腹水病人之外，如果不喜歡太濃稠，可加400cc水蒸
　 紅棗，則打出來的成品有900cc。

· 營養即時通 ·

山藥、芡實、薏仁

山藥和芡實是四神湯中的兩味，可食補亦可入藥。山藥性甘平，滋陰補氣，對肺、腎、
脾胃有益；薏仁健脾去濕、清肺化痰；芡實止瀉止遺、防夜尿、健脾補腎。三者都有收
斂之效，可減少體內濕氣、積液、膿瘍，亦可減少腹水，滋補身體。

紅棗

含三萜類化合物，可抑制肝炎病毒的活性，幫助慢性肝炎帶原者保肝，並改善貧血。

成品約600cc 3份

熱量	454.8Kcal
脂肪	5.2g
蛋白質	13.2g
醣類	90.7g
膳食纖維	10.8g
鈉	17mg

洛神桑椹蜜

哪些人也適用？／便秘患者；預防三高

食材

▸ 新鮮洛神花 55g（乾燥約25g） ▸ 桑椹醬 40g ▸ 蘋果 1顆（約200g）
▸ 山藥 60g ▸ 冷開水 90cc

作法

▸ 將所有材料置入容杯，蓋緊杯蓋，啟動電源，打1分半鐘即完成。

叮嚀

▸ 適合脂肪肝、慢性肝炎、肝硬化患者食用。

· 營養即時通 ·

洛神花

含有豐富的花青素、黃酮素、多酚，有調整血脂、維護肝臟健康的作用。

桑椹

含有18種胺基酸，還有維生素B1、B2、C、A、D和胡蘿蔔素，有益於控制血壓、尿酸、血脂肪，改善脂肪肝。中醫則認為桑椹有補肝益腎、潤腸通便的作用。

山藥

含有豐富的蛋白質、礦物質、膳食纖維及鈣、鐵等。醫藥臨床研究證實，山藥確有增進食慾、改善消化及增強體質等多重功能，除可降血糖，還可提高免疫能力。生食、熟食皆宜，尤其以「生者取汁飲之」效果最好，但胃弱易脹氣者以熟食為宜。

成品約400cc 2份

熱量	212.4Kcal
脂肪	1.8g
蛋白質	1.9g
醣類	21.3g
膳食纖維	3.0g
鈉	10mg

MENU.06

鮮奶豆漿

哪些人也適用？／成長期孩童、大病初癒；肝炎患者

食材

▶ 煮熟黃豆 2米杯　▶ 原色冰糖 1大匙

▶ 鮮奶 200cc　▶ 熱開水 720cc

作法

▶ 將所有材料置入容杯，蓋緊杯蓋，
打1分半鐘即完成。

叮嚀

▶ 適合肝炎患者食用。

成品約1100cc 4份

熱量	512.7Kcal
脂肪	22.5g
蛋白質	39.7g
醣類	45.3g
膳食纖維	12.8g
鈉	103.2mg

· 營養即時通 ·

鮮奶、黃豆

皆富含蛋白質，兩者搭配一起食用，即成為濃縮型高熱量、高蛋白的飲品。

腎臟病

蔬果、全穀可以防癌抗老、
降低三高等慢性疾病，
但是腎臟生病的時候，
就要慎選食材，
或是以熟食方式調製精力湯。

腎臟病儼然已成「新國病」

　　腎臟是用來代謝血液中老舊廢物的器官，也就是人體內的血液淨化處理廠，藉由排尿過程來調節體內水分、電解質及新陳代謝的狀態。腎臟還負責分泌腎素、紅血球生成素及活性維生素D等，這些都與生命現象密切相關。腎臟一旦發生病變，無法排出的毒素就會累積在血液裡，讓人倦怠、水腫，產生各種尿毒症狀。

　　在台灣地區，二十歲以上民眾罹患第一至第五期慢性腎臟病的約有兩百萬人，也就是說，每八個成人中就有一人罹患慢性腎臟病。至於尿毒症的發生率，也已連續九年居全球之冠，儼然成為「新國病」。洗腎龐大

的商機，讓台灣成為洗腎中心密度最高的國家。根據健保局統計，全台洗腎病患五萬多人，一年「洗」掉二百八十一億元，平均每名患者每年洗掉六十萬元，是重大傷病門診費用中最高的，大約是癌症病患年花費的二十倍。而需要終生洗腎的尿毒患者，每年持續新增八到九千人。

洗腎原因以糖尿病最多，占四成，其次是腎絲球腎炎、腎臟間質病變及高血壓患者，可見三高也是腎臟殺手。腎臟科醫師認為國人喜歡亂吃成藥，也是洗腎率居高不下的原因之一。尤其感冒、頭痛、生理痛、腰痠背痛等小毛病，很多人都習慣上藥房買成藥解決。長期服用這些消炎止痛的藥和一些號稱保肝、固腎的藥物，不是傷肝就是傷腎，還有人邊洗腎邊吃「固腎」藥物，結果惡化得更快。

一位有二十五年糖尿病史的婦人，兩年前隨家人移居大陸，雖然持續服用藥物，但血糖始終控制不下來。加上離鄉背井，一感冒就逕自買成藥吃，捨不得花錢看醫生，輕微的咳嗽卻因錯誤用藥造成水腫，醫生甚至已經建議洗腎。

小毛病拖成大問題，可把家人嚇壞了。女兒緊急接她回台，才發現腎臟已經嚴重受損，但尚可以藥物控制，不需洗腎；心肺功能也出現衰竭現象，肋膜還會出水，加上之前水腫影響，醫生建議限制喝水量，多攝取低蛋白飲食，盡量不要吃生菜。

「不能喝太多水，那改喝蔬果汁可以嗎？」「有沒有適合母親吃的生機飲食呢？」她女兒的問題也是大部分腎臟病友的疑慮。蔬果、全穀富含植化素、維生素和礦物質，可以防癌抗老、降低三高等慢性疾病；但是腎臟生病了，就得更慎選食材，或是以熟食方式調製精力湯。

鉀代謝不良，需慎吃蔬果全穀

腎功能不全、腎衰竭及腎炎等慢性腎臟病患，無法代謝鉀離子，一旦血液中鉀離子過高，就會干擾心臟跳動，輕則胸悶、暈眩，嚴重則可能造成休克、死亡。

營養師黃淑惠表示，未精製全穀所含的鉀、磷都偏高，腎臟功能不好的病患最好少吃。對他們來說，白飯、冬粉或米苔目等精緻米食，反而更為適合。她也不建議腎臟病人喝全部用生鮮蔬果打成的精力湯，因為大部分深色蔬菜，如莧菜、菠菜、南瓜，以及香蕉、草莓、柳橙、楊桃等水果，都屬高鉀食物，稍不注意，就可能吃下過量的鉀。

然而腎臟不好，就要從此與蔬果絕緣嗎？那可不！只要改吃鉀含量較低的蔬果就行了，該補充的植化素、酵素和礦物質，還是不會少。此外她也提醒，腎臟病人的飲食必須依據個人的鉀代謝能力來判斷，不可一概而論，像是急性腎炎或其他原因導致腎積水，但鉀代謝仍正常的病人還是可以放心吃生菜和全穀。

全食物蔬果泥，改善血尿宿疾

我的鄰居、同時也是中研院的研究員鄭秋豫，前陣子興奮地與我分享，她改變飲食習慣，每天吃全食物蔬果泥之後，竟然讓困擾她十六、七年的血尿宿疾不藥而癒。「四十歲開始出現尿中潛血症狀，多年來不知做過多少尿液檢查和腎臟超音波，就是查不出原因。」

醫生沒法開藥，她就從食物下手。二〇〇八年五月起，她開始用小

黃瓜、芹菜、葡萄、亞麻仁籽、蒸熟的南瓜，以及每日隨意替換的水果和煮熟的豆穀，打成全食物蔬果泥當早餐，再配合多素少肉的午晚餐，與每天三十分鐘健走習慣，半年後回醫院檢查，竟然不再有潛血，也沒發炎。連醫生都認為，應該是蔬果泥包含了許多平常吃不到的養分，改善了症狀。她說：「這真是救命飲食，應該跟更多人分享。」

腎臟病患者的飲食守則

雖然腎臟生病了，只要注意食材配搭，還是能享受全食物的滋養：

■ **注意蛋白、鉀、鈉、磷的攝取**

腎臟病患要盡量少吃高蛋白和高鉀、高鈉食物。磷的控制也要留意，少吃軟骨類、全穀類、核果類和優酪乳，以免血磷升高。油炸類也要忌口。

■ **選用低鉀蔬果搭配熟食**

改吃鳳梨、西瓜、蘋果、蓮霧等鉀含量較低的水果。此外，先將蔬菜、菇蕈汆燙過，讓鉀離子流失，再撈起放涼，和其他食材打成熟的精力湯，每天喝250cc，便不用擔心鉀離子過量的問題。

■ **從豆類攝取蛋白質**

蛋白質攝取量雖必須減少，卻不能沒有。研究顯示，動物蛋白導致腎功能惡化的程度是植物蛋白的3.5倍，其中紅肉對腎臟造成的負擔最重，會使血流率和腎絲球過濾率大增，其次是雞肉、魚肉，最後才是黃豆。只要控制份量，還是建議病友從豆類攝取蛋白質，也合乎全食物飲食法的原則。

■ **徵詢營養師的建議**

依據個人腎功能指數，挑選適合的食材配方，食物選對了就沒有吃錯的問題。不妨用煮熟黃豆、米飯、番薯、少量白木耳或蓮子等，打一杯暖呼呼的豆米漿；再隨興加入燙熟的蔬菜、味噌或薑片調味，美味與營養兼具。

腎臟病

·健康吃·

飲食需求

高熱量、低鉀、低鈉、低磷。
低蛋白但品質要好，避免油膩及過多飽和脂肪。
水分與尿素累積會使腸胃道蠕動變慢，要注意纖維質的攝取，以利排便。
洗腎患者不易排泄水分，不建議喝過多的水。

MENU.01

蓮藕黃豆漿

哪些人也適用？／秋季潤肺；所有年齡層

食材

▶ 煮熟黃豆 1米杯　▶ 蒸熟的蓮藕 110g　▶ 原色冰糖 1大匙　▶ 熱開水 700cc

作法

▶ 將所有材料置入容杯，蓋緊杯蓋，打1分半鐘即完成。

·營養即時通·

黃豆

研究證實，黃豆製品可減緩腎絲球過濾率，黃豆所含的異黃酮則具有降膽固醇作用，可保護腎臟功能，因此現在已被歸類為高生理價蛋白質。

蓮藕

富含澱粉、鈣、維生素B12、C等，極具營養價值；尤其蛋白質含量低，卻可提供腎臟病人需要的熱量。中醫認為蓮藕熟食可補養體力、緩解焦慮、改善失眠。

成品約900cc 4份

熱量	470.8Kcal
脂肪	16g
蛋白質	35.9g
醣類	54.2g
膳食纖維	15.7g
鈉	40mg

冬瓜木耳濃湯

哪些人也適用？／三高、過敏、結石患者；減重者

食材

▶ 冬瓜（含籽和皮）350g　▶ 新鮮黑木耳 20g　▶ 薑 4g　▶ 糙米飯 1米杯
▶ 熱開水 450cc　▶ 海鹽、胡椒 少許

作法

1　有機冬瓜用刷子洗淨外皮，切成4塊；黑木耳洗淨。將連皮帶籽的冬瓜和黑木耳
　　放入電鍋內鍋，外鍋放1杯水蒸熟。

2　將所有食材放入容杯，蓋緊杯蓋，打1分鐘即完成。

· 營養即時通 ·

黑木耳

和白木耳同屬於真菌類，有增強免疫功能、抗病毒、抗腫瘤作用，尤其鐵的含量很高，
是菠菜的30倍、豬肝的4.3倍，還可降低膽固醇，被稱為血管中的清道夫。黑木耳中的
膠質吸附力強，可以清除人體消化系統、呼吸道的雜質，並有潤肺功能。最近的研究發
現，黑木耳的酵素和植物鹼可以催化膽、腎、膀胱結石，潤滑管道，排出結石。

冬瓜

有利尿消腫、清熱解毒、降火消炎的功效；還含有丙醇二酸，可防止發胖，健康減肥。
冬瓜的皮、籽、肉、瓤、葉皆可入藥，尤其以皮、籽的藥用價值最高，皮煮水可清肺祛
痰，還可降低血中膽固醇；冬瓜籽除利水外，還能促進干擾素產生，增強抗病力。所以
料理冬瓜時，可別把這些寶貝都丟了。

成品約900cc **3份**

熱量	193.6Kcal
脂肪	1.0g
蛋白質	4.4g
醣類	41.7g
膳食纖維	58g
鈉	26.1mg

綜合莓果凍

哪些人也適用？／胃炎、高血壓、高血脂患者；更年期

食材

▶ 蔓越莓 50g　▶ 藍莓 50g　▶ 原色冰糖 6大匙

▶ 冷開水 400cc　▶ 洋菜粉 1大匙

作法

1 將蔓越莓、藍莓、原色冰糖與冷開水依序置入容杯，蓋緊杯蓋，打40秒。

2 將打好的綜合莓果汁倒入不銹鋼鍋，放置瓦斯爐上煮滾，再加入1大匙洋菜粉，
適度攪拌，煮滾後倒入容器中放涼即完成。

· 營養即時通 ·

藍莓

有抗氧化力極強的花青素，豐富的果膠可舒緩腹瀉和便秘，單寧酸也可防止尿道發炎。
藍莓對腎臟內微血管也有強化作用，對腎小球的過濾功能有所幫助。

蔓越莓

被廣泛用以預防或治療尿道、陰道方面的細菌感染；籽內也含有大量脂肪酸、莓酸，可
以防止血管阻塞、降低膽固醇，尤其能殺死胃中的幽門桿菌。

成品約10個

熱量	414Kcal
脂肪	0.2g
蛋白質	1.01g
醣類	106.1g
膳食纖維	9.2g
鈉	26mg

M E N U . 0 4

黑糖粉圓

成品約100g

熱量	231.9Kcal
脂肪	0.1g
蛋白質	0.2g
醣類	58.9g
膳食纖維	0.1g
鈉	15.8mg

食材

▶ 黑糖 25g　　▶ 蓮藕粉 40g

▶ 熱開水 30cc　▶ 糖水 少許

作法

1. 將蓮藕粉置入容杯，蓋緊杯蓋，打30秒，將蓮藕粉打成綿密細粉狀。完成後將其中1/5的蓮藕粉倒入小碗中，作為沾粉。

2. 將另外4/5的蓮藕粉和黑糖置於大碗中，加入30cc的熱開水攪拌均勻，揉成長條狀，再分小塊揉成小顆粉圓，置入裝有蓮藕粉的小碗中沾粉，避免沾黏。

3. 將開水煮滾，加入原色冰糖煮至融化，放入粉圓煮熟即完成。

叮嚀

▶ 這是一道低蛋白、低鉀、高熱量的甜品。

燕麥糕

哪些人也適用？／肝衰竭、三高、便秘患者

食材

- 燕麥粒 2米杯
- 蓮藕粉 1米杯
- 黑糖 1米杯（依個人口味調整）
- 冷開水 750cc

成品約1盤 **8~10份**

熱量	1693.1Kcal
脂肪	26.9g
蛋白質	27.5g
醣類	339.2g
膳食纖維	31.4g
鈉	66.8mg

作法

1 將燕麥粒洗淨，用750cc的冷開水浸泡3~4小時備用。
2 將作法1的材料、黑糖和蓮藕粉置入容杯，蓋緊杯蓋，
　打2分鐘（至容杯有點溫熱）。完成後將打好的燕麥漿倒入電鍋內鍋中（內鍋不
　需抹油或水），外鍋加2杯水，蒸好後待冷卻脫模即完成。

叮嚀

- 適合慢性腎衰竭患者食用。
- 燕麥糕是很好的低蛋白點心，亦可代替部分主食。

· 營養即時通 ·

燕麥

所含的不飽和脂肪酸及可溶性纖維，能降低血液中膽固醇與三酸甘油脂的含量，也有平衡血糖的作用。燕麥還含有維生素B1、B2、E與葉酸等，有助於消除疲勞，增加活力；豐富的纖維則可預防腸躁、便秘。

蓮藕粉

低蛋白、清涼退火，可開胃、促進消化。

過敏

異位性皮膚炎與鼻子過敏

過敏是典型的免疫疾病，
也是身體一種慢性發炎的現象，除了治療，
還要借助飲食來調節免疫力、
改善免疫功能失常。

　　「異位性皮膚炎」又稱為「過敏性皮膚炎」，也有人稱為「異位性濕疹」，是一種反覆發作的過敏性皮膚疾病，好發於嬰幼兒，尤其是一歲以前的小baby。中醫則稱為「四彎風」，因為經常發生在兩肘彎和兩膝窩。

　　異位性皮膚炎最大的特徵就是癢，由於皮膚處於慢性發炎狀態，常可見大片乾燥紅斑、丘疹，或像小水泡一樣的濕疹、蕁麻疹；有些則乾燥、脫屑，很像「乾癬」。急性發作時傷口還會有滲出液，流湯流水，甚至因為大力搔抓，導致發炎或傷口感染，嚴重時甚至要住院治療，讓父母看了心疼不已。

過敏兒和遺傳體質密切相關

異位性皮膚炎與先天過敏性體質關係密切，如果父母之一有過敏體質，孩子有三分之一的機率會得到遺傳；如果雙方都有過敏體質，孩子有遺傳的機率則會提高至二分之一到三分之二。罹患異位性皮膚炎的小朋友通常會合併出現過敏性鼻炎、氣喘、過敏性結膜炎等，也就是所謂的過敏兒。

在台灣，六個月到十歲大的孩童之中，大約有5~8％患有異位性皮膚炎，也就是說，全台灣大約有三百多萬個小朋友飽受異位性皮膚炎或其他過敏症狀之苦。

過敏兒本身固然受苦，做父母的也同樣飽受折磨。所謂「癢在兒身痛在娘心」，有媽媽說，因為怕孩子睡著了亂抓，幾年來晚上都不敢熟睡。還有媽媽告訴我，孩子有氣喘，一躺下來就喘得難受，發作時只能坐著睡，她也只有坐著相陪，就這樣度過一個又一個難受揪心的夜晚。

更令父母沮喪的是，異位性皮膚炎除了用類固醇藥膏治療，目前還不見更有效的辦法。但長期使用類固醇會出現皮膚萎縮變薄、色素改變、長毛、毛囊炎、微血管擴張等副作用，令不少家長聞之色變。而口服類固醇雖然效果強大迅速，但副作用也大，會影響兒童的生長發育，通常只有在病情極嚴重時短暫使用。至於中醫則會根據體質和症狀區分不同類型，採用不同的藥方來調整體質。但因為中藥苦，很多孩子不願吃，導致效果大打折扣。

防過敏，要先從飲食著手

我兒子一出生，頭部就有明顯的黃色油垢和丘疹，讓我擔心不已，害怕他也是個過敏兒，月子一結束立刻帶他去給莊淑旂博士檢查，最後確定是胎裡帶來的燥熱毒素引起的脂漏性皮膚炎，讓我頗為懊惱懷孕時不小心吃了燥熱的羊肉爐。還好處置得宜，再加上餵母奶、從小喝全食物精力湯、吃全穀飯調整免疫力，孩子除了臉頰、手臂有點白頭粉刺、摸起來粗粗的之外，並沒有演變成過敏性皮膚炎，現在已經進入青春期，皮膚還是很好，讓我放心不少。

想預防孩子成為過敏兒，可以從飲食著手。例如：懷孕期少吃易過敏的食物，哺餵母乳至少四到六個月，因為母乳有助於對抗由腸道進入的過敏原，也可以避開牛奶中的過敏原。美國小兒科醫學會甚至建議，如果孩子屬於過敏體質高危險群，最好餵母乳到一歲以上。

如果孩子已經是過敏體質，除了治療之外，也可以用飲食來調節免疫力、改善免疫功能失常的現象。因為過敏正是典型的免疫疾病，也是身體一種慢性發炎的現象。而天然完整、未經加工精製的全食物，就含有人體所需的完整營養。

緩解鼻子過敏的小妙方

■ 指尖按摩

我以前鼻子過敏很嚴重，早上起床要打十幾下噴嚏，鼻水流不停，衛生紙擤得鼻頭都快脫皮，實在不好受。後來採訪吳長新老師，學會指尖按摩：**以拇指和食指，按壓另一隻手五根手指甲兩旁的凹陷處。**尤其大拇指是頭痛、鼻塞的反應穴，我一按就疼得受不了，但想到中醫有句名言：「痛則不通，通則不痛。」於是看電視或坐車時，我都經常隨手按摩，幾個月後竟然就不藥而癒了。

■ 鼻翼按摩

在睡前輕揉鼻翼兩側的迎香穴40~50下，可散除鼻部鬱熱；睡醒也不要馬上起床，窩在被窩裡，一樣揉40~50下，避免鼻子馬上受冷空氣刺激，也可以減輕過敏症狀。

■ 瑜伽完全呼吸

晨起，利用早上新鮮空氣，到室外做瑜伽完全呼吸，可以強壯鼻黏膜。

▶ 先做「深呼吸」

1 先深呼吸將空氣充滿胸部。

2 繼續讓空氣充滿腹部。

3 再往上讓空氣充滿上肺部到鎖骨。

4 按以上順序呼氣，先將胸部的氣呼出，然後是腹部，最後是上肺部。

5 反覆做10次，全部用鼻子呼吸。

▶ 接著做「單鼻孔呼吸」

1 先用拇指按住右鼻孔，用左鼻孔吐氣，氣吐盡，再吸氣。

2 然後用無名指按住左鼻孔，用右鼻孔吐氣，氣吐盡，再吸氣。

3 反覆做10次，吐氣要比吸氣慢而長。

過敏兒的飲食守則

■ 攝取「天然藥物」植化素

被稱為「天然藥物」的植化素，如花青素、茄紅素、胡蘿蔔素等抗氧化劑，對降低身體的發炎現象很有幫助。

尤其是生物類黃酮，被公認是世界上最強的抗氧化物質，抗氧化能力是維生素E的50倍、維生素C的20倍，種類高達四千多種，除了抗發炎，還能抗病毒，與維生素C合用效果更佳。含高量生物類黃酮的食物有柑橘類水果，如柳橙、檸檬、葡萄柚、橘子，以及百香果、鳳梨、葡萄、草莓、櫻桃、李子、哈密瓜、木瓜、黃瓜、甘藍、番茄、茶、咖啡、可可等。

■ 堅果類也可減少過敏原

如核桃、亞麻仁籽等，含有可以抑制發炎的Omega-3脂肪酸；維生素A可強化黏膜，減少過敏原；維生素C、E能抗氧化、減少發炎反應；維生素C和泛酸還能讓腎上腺素正常分泌，減輕過敏症狀。

■ 喝精力湯如同雞尾酒療法

把含有上述營養素的蔬菜、水果、堅果或五穀、豆類、菇蕈這些全食物，以適當的比例混合，打成精力湯，就是免疫大軍最好的養料。

■ 勿吃過多寒性水果

雖然蔬果含有大量抗發炎物質，但過敏體質的人有70%屬於寒性體質，若吃太多寒性水果，症狀反而會惡化，所以應多吃平性或溫性的水果。像西瓜就太寒，百香果和鳳梨則屬涼而接近平性。

■ 遠離危險食物

蝦、蟹、鰻魚、花枝等海鮮,以及
辛辣刺激的食物和添加各種化學物
質的加工食品,都容易誘發過敏;
高油脂、油炸、燥熱食物和甜食容
易引起細胞發炎;冰品會降低免疫
力,都要避免,或盡量少吃。

■ 多運動改善體質

過敏者多屬寒性體質,代表循環低
下,應該適度運動,以加速循環,
調整體質。

■ 注意環境和作息

注意居家環境,減少過敏物質;避
開冷氣風口,早睡早起。多管齊
下,相信孩子就能遠離過敏。

水果精力湯，喚回好膚質

——台大楊教授

「還好有精力湯，要不然不知給孩子吃什麼早餐。
而且喝起來要愉快，否則會憂鬱而死。」

精力湯早餐，兩週立刻見效

異位性皮膚炎是惱人的慢性病，全台目前約有三百萬人飽受此症之苦。台灣大學楊教授的大女兒就是其中之一，她自出生就罹患異位性皮膚炎，病情時好時壞，即使看醫生也只是給一條類固醇藥膏，楊教授看到女兒常常癢到抓破皮，於心不忍卻也無計可施。

直到有一天，楊教授在監考時，看到一位女學生的異位性皮膚炎非常嚴重，結了厚痂的皮膚像雞爪一樣，她想：「女兒長大以後也是這樣嗎？」當下她十分難過，回家想了一夜，「這樣下去不是辦法。」她突然想到，曾經聽教會的教友說過精力湯效果不錯，雖然沒有科學證據，但大家都說好，那就試試吧！

她對另一半說：「我現在開始打精力湯，不知道三個孩子喝不喝，

你當試驗品，我打一杯，你喝看看。」當另一半喝下精力湯，豎起大拇指說：「不錯啊！」讓她信心大增，全家人就從這一天起開始喝。

她把精力湯當成全家的早餐，午餐和晚餐則沒有改變。喝了兩個星期以後，楊教授嚇了一跳，因為女兒的皮膚變光滑了，她每天幫女兒洗澡，最了解女兒的膚質。女兒從國小一年級開始喝精力湯，喝了四年多，皮膚一年比一年好，現在已經不用再擦類固醇藥膏了，夏天偶爾有濕疹，但也只有一點點，不像以前是一整片。

自創簡易食譜，全家都愛喝

是什麼樣的精力湯，讓楊教授的女兒擺脫異位性皮膚炎？剛開始她參考過很多食譜，但根本不可行，她是忙碌的職業婦女，哪有那麼多美國時間。於是，她決定自創簡易食譜，以蘋果、芭樂、鳳梨為底，再加入自製的優格。要打淡綠色，就加入奇異果；要打紅色系，就把葡萄或蔓越莓加進去；橘色系則加入熟南瓜（連皮帶籽），再加百香果。

以色系區分果然奏效，孩子喝習慣了，顏色太淡或不好看就不喝。為了讓小孩持續喝精力湯，楊教授絞盡腦汁，到Costco買冷凍藍莓及蔓越莓調色，也當作冰塊降溫。這樣喝不會很冷嗎？「喝習慣就好了，冬天喝也沒關係。」楊教授這麼說。

楊教授的精力湯打得很濃稠、很有飽足感，兩公升的精力湯中，七分之六是水果，水分只占七分之一，再加四湯匙優格。一家五口的早餐只喝精力湯，小孩喝300cc、大人喝450cc，不需要吃其他食物，可以撐到中午。

她的精力湯只有水果沒有蔬菜，是因為小孩不喜歡吃蔬菜。「喝起來要愉快，否則會憂鬱而死。」這是她的理念。她曾經嘗試打番茄，但味道酸酸的，於是她加入果糖，讓小孩喝上癮，再把果糖拿掉。但這樣太累了，還是簡單一點，才能長期執行。

楊教授找到可行的方法、效果又不錯，因此四年多來早餐都是維持一樣的配方：一顆大蘋果、一顆大芭樂、六分之一顆鳳梨（一顆鳳梨喝一個星期），以及一些葡萄。這是基本款，再來就看冰箱有什麼就加什麼，有水蜜桃加水蜜桃，有西洋梨加西洋梨，有奇異果就加奇異果。「我很喜歡加水蜜桃，加了之後味道好香喔，孩子愛得不得了。」為了避免糖分太高，她盡量用一、兩種比較甜的水果，再加上比較不甜的水果。

飲食生活，也可以科學化管理

有些人想到打精力湯要準備很多食材，就開始打退堂鼓。從事學術研究的楊教授，將講究效率、科學化的實驗精神也發揮在廚房裡，葡萄三天洗一次，鳳梨一個禮拜削一次。她每晚都會先準備好隔天早上要打的水果，切水果有一定的順序，芭樂擺最下面，第二層奇異果，第三層是蘋果，倒進調理機後，從下至上就是蘋果、奇異果、芭樂，然後再放葡萄。每天順序一模一樣，系統化的管理，省時又方便。

她一個月去市場四次，一個週末採買一星期的量。家裡有三個冰箱，一個星期就清空了。教授說：「我不會做複雜的事。」比方說自製優格，她到有機商店買優格原料，一包粉配一公升的牛奶（她使用四方牛奶），按照說明書做，做一桶優格吃一個星期，便宜、好吃又安全。

時間對楊教授來說非常寶貴，家住郊區的她以時間換取較優質的生活空間，因此每天早上爭分奪秒，六點起床，六點半下樓把水果倒進調理機，一人一杯精力湯帶到車上喝，六點四十分準時出門到台北市上班上課。她說，要是沒有精力湯，她真不知道如何在這麼短的時間內，為全家準備營養豐富又好吃的早餐。

　　為了全家人的營養，傍晚也是楊教授的戰鬥時間。下午六點二十分離開辦公室，先去接先生下班，再到安親班接小孩。七點進家門後，她開始跟電鍋比賽誰煮得快，電鍋煮飯，她煮菜，電鍋煮好飯，她也煮好四菜到五菜一湯，然後八點準時開飯。全家人生活非常有紀律，她笑著說：「我可以當國防部長了。」

　　這樣忙碌的生活，每天的食譜單一化對楊教授來說最方便。「我這樣可以過日子就好了，嘗試各種配方對我來說不可行，我的時間有限，做不到的事就不要想太多，做得到就盡量做。」

注意安全認證，選擇優質食材

　　不知是不是喝精力湯養成的味蕾，楊教授的孩子嘴巴很挑，只吃新鮮及品質好的食物。小孩不吃學校的午餐，堅持要吃媽媽做的便當，很少外食，很少吃炸雞、薯條之類的速食，也不吃泡麵。他們家的餐桌上每天有魚有肉有菜，飲食均衡多元，楊教授每天都要吃魚，先生每天要吃肉，但肉量不多，即使做肉丸子，也是加入很多蔥和香菇。

　　不擔心蔬果殘留農藥嗎？「我覺得還好，我都會買有生產履歷的蔬果，至少是安全用藥。」那水果削皮嗎？「如果是進口蘋果，我會把皮

什麼是「全球優良農業規範認證」？

「全球優良農業規範」（GLOBAL GAP）前身為「歐盟優良農業規範」（EUREP GAP），是一個民間組織，其工作主要是針對全球農產品之驗證制定推薦標準，是目前世界上最嚴格的認證標準，已在全球八十多個國家中擁有八萬多家通過認證的生產商。許多國家如加拿大、日本，都規定進口農產品必須通過該項認證。

削掉，因為一般進口的蘋果，不是上蠟就是過海關時經過燻蒸（用化學藥品殺死水果表皮的微生物）。雖然蘋果含有三百八十九種植化素，大部分在表皮上，但我不放心，所以削掉了。而芭樂是台灣水果中維生素C含量最高的，因為有套袋，所以我不削皮。至於其他的國內水果，我如果知道來源就不削皮。」

談到國內農產品生產履歷，目前的台灣優良農業規範（TGAP）或是吉園圃（GAP）認證，都只能在國內使用，國外並不承認。專攻蔬菜育種、遺傳及種原的楊教授說：「我做研究的目的就是要讓台灣水果有標籤，提高國產水果的價值，這是我可以為農民做的事。」她鼓勵農民參加全球優良農業規範（GLOBAL GAP）認證，與國際接軌，這樣就不怕大陸農產品低價傾銷台灣，而且可以外銷增加產值。

「還好有精力湯，要不然不知給孩子吃什麼早餐。」這是楊教授四年多來的心得，精力湯不僅讓她女兒找回美麗肌膚，對每天只睡四、五個鐘頭的她來說，也是照顧全家人健康，最好、最簡單的方式。

水果精力湯

基本材料：

▶1顆大蘋果、1顆大芭樂、1/6顆鳳梨（1顆鳳梨吃1週）、一些葡萄

調配比例：

▶2公升的精力湯，以七分之一的水加上七分之六的水果，再加上4湯匙
　優格打成。

食材變化：

▶除了以上基本作法，也可以看冰箱有什麼就加什麼。但為避免糖分太
　高，盡量用一、兩種較甜的水果加上較不甜的水果搭配。或者以色系
　區分：打淡綠色可加奇異果；打紅色系就加葡萄或蔓越莓；橘色系則
　可加熟南瓜（連皮帶籽）和百香果。

每日喝法：

▶當早餐喝，小孩喝300cc、大人喝450cc。

食材管理：

▶葡萄3天洗一次，鳳梨1週削一次。每晚先
　備好隔天早上要打的水果。切水果按以下
　順序：芭樂擺最下面，第二層奇異果，第
　三層是蘋果；倒進調理機後，從下至上是
　蘋果、奇異果、芭樂，再放葡萄。

豐富的維生素C、E和植化素：抗發炎、抗氧化。
維生素A：強化呼吸系統黏膜。
高膳食纖維：有助減少便秘，排除毒素。
中醫觀點：白色食物有助潤肺。
過敏體質者有70％屬於寒性體質，應避吃寒性蔬果。
多攝取益生菌和益生源（即蔬果）可改變幼兒腸道生態，調整免疫反應，減少過敏發作。

秋涼補氣燉梨飲

食材

▶ 水梨 1顆（約450g） ▶ 乾白木耳 10g ▶ 桂圓肉 5g ▶ 原色冰糖 1大匙
▶ 冷開水 500cc

作法

1 將白木耳洗淨，用冷開水浸泡30分鐘，將黃色蒂頭處剪掉備用。
2 水梨洗淨，切塊備用。
3 將所有食材置入電鍋內鍋，加500cc冷開水，外鍋加2杯水蒸煮。
4 將熟的白木耳拿起備用，再將蒸熟的水梨漿汁置入容杯，蓋緊杯蓋，打1分鐘。
5 打開杯蓋，放入白木耳，蓋緊杯蓋，啟動電源，將調速鈕由1轉至10，再由10轉回1，來回3次，利用轉速的變化切碎食材即完成。

叮嚀

▶ 如果久咳未痊癒，可以加川貝母粉一起燉煮，效果更佳。

· 營養即時通 ·

白木耳、水梨

有潤肺效果，中醫認為肺主皮毛，潤肺可以同時改善呼吸和皮膚過敏。

成品約1000cc **4份**

熱量	244.0Kcal
脂肪	1.4g
蛋白質	2.1g
醣類	61.3g
膳食纖維	8.0g
鈉	57mg

M
E
N
U
.
0
2

金棗醬

食材

▸ 金棗 200g　▸ 原色冰糖 100g　▸ 蜂蜜 25cc

作法

1 將金棗洗淨擦乾，切開後去籽。

2 將金棗放入容杯中，蓋緊杯蓋，啟動電源，
將調速鈕轉到6，打20秒。完成後將調速鈕轉回1，
關閉電源，將金棗果粒取出備用。

3 將原色冰糖倒入炒鍋，以中火炒到糖開始溶化時，
放入金棗果粒，不停翻炒約10分鐘，最後加入蜂蜜稍煮一會兒，
即完成金棗醬。

成品約250cc	
熱量	480.2Kcal
脂肪	0.4g
蛋白質	1.8g
醣類	123.3g
膳食纖維	7.4g
鈉	9mg

· 營養即時通 ·

金棗

也稱金橘（桔），含多量天然類黃酮和維生素C；用金棗醬泡溫水喝，可以抗發炎，去
痰、理氣、止咳。

MENU.03

杏仁奶酪

哪些人也適用？／預防血管硬化、感冒、美膚

食材

▶ 南杏 50g ▶ 腰果 50g ▶ 原色冰糖 15g

▶ 膠凍粉 1大匙 ▶ 熱開水 400cc

作法

1 將南杏用熱開水汆燙5分鐘，瀝乾水分備用。

2 將所有食材放入容杯，蓋緊杯蓋，打1分鐘。

　完成後倒入容器中，靜置約20分鐘，待冷卻凝結後即完成。

成品約500cc	4份
熱量	686.1Kcal
脂肪	49.2g
蛋白質	22.2g
醣類	49.6g
膳食纖維	19.3g
鈉	75mg

· 營養即時通 ·

南杏

性味甘、平，無毒，入肺經，有潤燥補肺、止咳化痰的功效，也可滋養肌膚。

腰果

含有大量不飽和脂肪酸和油酸，可抑制發炎，增進心血管健康。中醫認為，腰果味甘性平，具有補腦養血、補腎健脾的效果，可治咳逆、心煩、口渴。

MENU.04

薏仁蓮子羹

哪些人也適用？／濕疹、食欲不振；
預防肺結核、肺癌、膽癌、鼻咽癌

食材

▸ 薏仁 50g　▸ 蓮子 30g　▸ 蓮藕粉 20g
▸ 原色冰糖 50g　▸ 熱開水 1000cc

作法

1　薏仁洗淨，用冷開水浸泡4小時，與蓮子
　　一同放入電鍋，外鍋加2杯水，蒸熟。
2　將所有食材置入容杯，蓋緊杯蓋，打1分
　　鐘即完成。

叮嚀

▸ 若想增加濃稠度，可置於瓦斯爐上再煮沸
　後飲用。

成品約1300cc 5份	
熱量	494.3Kcal
脂肪	2.7g
蛋白質	10g
醣類	109.0g
膳食纖維	10.4g
鈉	44mg

· 營養即時通 ·

薏仁

富含維生素B群，對過敏性鼻炎、過敏性皮膚炎都有幫助。

高C精力湯

哪些人也適用？／初期感冒患者

食材

▶ 牛番茄 150g　▶ 紅椒 150g　▶ 藍莓 30g

▶ 鳳梨 200g　▶ 綜合堅果 1大匙

▶ 冷開水 200cc

作法

▶ 將所有食材置入容杯，蓋緊杯蓋，
　啟動電源，打40秒即完成。

成品約750cc　3份

熱量	274.4Kcal
脂肪	8.7g
蛋白質	7.9g
醣類	40.8g
膳食纖維	8.3g
鈉	34.7mg

· 營養即時通 ·

番茄、紅椒、藍莓

皆含豐富維生素A、C和茄紅素，有強化皮膚黏膜及抗發炎的作用。

感冒

生病是鍛鍊免疫系統的好機會，
千萬別動輒用藥物去緩解症狀，
反而壓制了免疫系統操兵演練的機會，
久而久之，身體將自廢武功。

感冒是萬病之源，不能輕忽

　　中西醫都有「感冒是萬病之源」的說法，可見感冒雖是小病，卻不能掉以輕心。西醫把感冒視為「萬病之源、各種疾病的主兇」，因為導致感冒的病毒有兩百多種，目前還沒有特效藥能剋制。而社會大眾又把感冒視為小病，疏於預防，延誤治療，往往導致各種致命的併發症，如肺炎、腎炎、心肌炎等。尤其近年引起極大關注的「流行性感冒」，是一種高度傳染性的疾病，經常以地區性或大規模流行的方式出現，病程甚至會急速惡化，造成不少死亡案例。

　　中醫則認為，除了外傷，一切的慢性疾病與癌症都是感冒、風邪的

後遺症。感冒若沒有妥善處理，病毒就會深入肌肉骨骼與五臟六腑，定居於較虛弱的器官中，日積月累容易形成慢性病，甚至轉變成各種癌症。一個人若一年中感冒多次，就代表免疫力低下，容易有前癌症狀。

動不動就傷風感冒，雖然是小病小痛，卻很折磨人。尤其季節交替時，天氣變化稍微劇烈一點，白天少穿件衣服，晚上起風變天，一下子就著涼了。我以前也是這樣，幾乎每個月都在感冒——流鼻水、喉嚨痛、扁桃腺發炎、發燒，輪番上陣。每回一感冒就看醫生、吃藥，把症狀緩下來，但沒多久又再度感冒，藥越吃越多，身體卻越來越弱。

不過，在我開始喝精力湯之後，感冒的次數越來越少，也不用再去醫院掛號領藥了。只要一有感冒前兆，我就喝溫開水加幾滴蜂膠（註：蜂膠含二十～三十種生物類黃酮，有消炎、抗菌、抗病毒的作用，但有過敏體質者宜慎用），很快就好了，幾乎十幾年沒用過健保卡看感冒。這讓我深深體會，改變飲食、重整生活步調，可以對健康帶來多大好處！

多喝溫水，給身體自癒時間

過去感冒病人求診，有些醫生往往用抗生素來壓制病菌，但感冒通常是由病毒引起，服用抗生素不僅無效，反而會減少病人體內的cytokines（一種負責調節免疫系統的荷爾蒙），所以除非確定是受到細菌感染，否則不要服用抗生素。打噴嚏、流鼻水都是身體的自衛機制，要將寒氣排解出去；如果免疫力夠好、排毒能力很強，感冒通常會來得急、也去得快。

人體的免疫系統就像保衛身體的「衛兵」，衛兵的作戰能力只有在實戰中才能提高，身體的免疫系統也是在每一次的生病過程中慢慢成熟起來的。所以生病是鍛鍊免疫系統的好機會，千萬別動輒用藥物去緩解症狀，反而壓制了免疫系統操兵演練的機會，久而久之，身體將自廢武功。

我對兩個孩子也是一樣，如果感冒發燒，我會帶他們去看家醫科做檢查，如果沒有併發症，就不會讓他們吃藥，盡量採用自然療法。他們從小喝精力湯、吃糙米飯，抵抗力還不錯，通常一天就好了。

還記得有次兒子在上學之前吐了，體溫是38.5℃，輕微發燒，我讓他在家裡休息，接著送女兒上學，我再去上班。才踏進辦公室沒多久，又換成女兒發燒到39.5℃，我只好又去接她回家。我讓他們睡冰枕、多喝溫開水，自然退燒，結果到了晚餐時間，這兩姊弟在飯桌上已經有力氣鬥嘴了。「不是發燒嗎？怎麼還有力氣吵架？」看他們又恢復活力，就知道感冒已經好了大半。

天然蔬果，變身抗感冒法寶

嚴格說起來，感冒可以說是「預防有效，治療無效」，因為感冒無藥可醫，只能靠自己的免疫力來復元。所以要避免感冒危害健康，最重要的是培養不容易感冒的體質，其次是盡快復元，避免症狀惡化。

用心了解食材後，食物也經常給我很多驚喜。有次我受邀為電視節目設計食譜，要以紫蘇做菜，我就將番茄稍微燙過，和紫蘇梅汁一起打汁。當初只是覺得兩者搭配味道不錯，但因為紫蘇有殺菌消炎的功效，番茄也有豐富的維生素C和類黃酮，竟讓我原本輕微的感冒症狀完全不見，又讓我再次感受到食物的奧祕。

平時要預防感冒、提升免疫力，最好的方法還是每天喝一杯精力湯。將五顏六色的蔬果及堅果放進全營養調理機，打成綜合精力湯；或者將煮熟的豆類、五穀根莖類打成濃稠奶漿。每天早上乾一杯，補充不足的維生素、礦物質、膳食纖維和具有消炎抗病毒功能的植化素，就是忙碌現代人最好的抗流感祕方。

中醫怎麼治感冒？

根據中醫的觀點，感冒可分成風寒感冒和風熱感冒，症狀和療法分別為：

■ **風寒感冒**

　　症狀：因吹風受寒、發冷、頭痛、咳嗽、痰清而稀。

　　食療：可熬煮紅糖漿，加入薑片放進調理機中打成薑湯，就是去寒聖品。
　　　　　　傳統中醫喜歡用生薑、豆豉和蔥白熬成湯，以去寒發汗；身體虛寒
　　　　　　者也可喝用一、兩片生薑加瘦肉煮成的薑湯。風寒感冒宜用溫補性
　　　　　　食物，能散寒止咳、幫助發汗、解嘔吐，如洋蔥、韭菜、蒜、南
　　　　　　瓜、青椒、栗子、核桃、蓮子等。

■ **風熱感冒**

　　症狀：有喉嚨腫痛、鼻涕或痰液黃稠、身體發熱、高燒等發炎徵兆。

　　食療：不能喝薑湯，以免太燥。宜用涼性、清熱食物，如番茄、楊桃、梨
　　　　　　子、西瓜、甘蔗、竹筍、冬瓜、黃瓜、絲瓜等，以發揮解熱作用。

此外，蜂蜜性平味甘，有潤肺止咳、潤腸通便作用，中醫也常用來治咳。美
國賓州州立大學醫學院則讓105名2~18歲的患者分別服用蜂蜜、咳嗽藥，結
果發現蜂蜜比咳嗽糖漿有用。

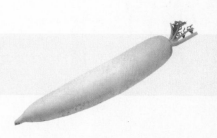

感冒患者的飲食守則

只要注意身體的訊號，吃對好食物、喝對精力湯，感冒就不會常來找你了：

■ **全柳丁汁**

感覺身體不太對勁，頭昏、流鼻水，有感冒跡象，可將柳丁洗淨，削去表層黃皮，挖掉產生苦味的籽，保留中間富含類黃酮及膳食纖維的白皮，以4顆打成1杯柳丁泥，完全不加水，攝取最天然豐盛的維生素C和類黃酮，往往能紓緩感冒初期症狀。我自己屢試不爽，每次喝都舒暢許多。

■ **豆漿**

黃豆中富含黃酮物質，因此常喝豆漿也可以預防感冒。

■ **富含維生素A、C、B6及礦物質鈣、鋅的食物**

如黃綠色蔬果及雜糧種籽；豆類、乳酪、瘦肉、蝦皮、小魚乾等，也能增加抵抗力，防止感冒病毒繁殖。

■ **中醫推薦的食療配方**

具有殺菌消毒、潤肺防寒、清熱止咳、化痰定喘等功能的大蒜、洋蔥、生薑、白蘿蔔、梨、柚子、柑橘、枇杷、金桔、杏仁、羅漢果和蔓越莓等，都可以預防感冒、傷風。白蘿蔔加蜂蜜打汁，可消渴、止咳、化痰，治聲音嘶啞。

■ **準備檸檬水、多喝溫開水**

我每天早上出門前，都會擠半顆或一顆檸檬到水杯裡，隨身攜帶，一方面響應環保，一方面隨時可補充水分。天冷時，打開杯蓋以熱氣薰鼻，還有通鼻的功效。此外，多喝溫開水，每天6~8杯，也有助排出感冒病毒。

感冒

· 健康吃 ·

維生素C、類黃酮含量要高（可縮短病程）。
維生素A、B群要足夠。
風熱感冒宜用涼性清熱食物。
風寒感冒宜用溫補性食物。

紫蘇梅番茄汁

食材

▶ 小番茄 240g ▶ 紫蘇梅汁 40cc ▶ 蘋果 1顆（約200g）
▶ 金桔 2顆 ▶ 冷開水 300cc

作法

1 金桔去籽，備用。
2 將所有食材置入容杯，蓋緊杯蓋，啟動電源，打40秒即完成。

· 營養即時通 ·

紫蘇梅

紫蘇可發汗去寒，由紫蘇葉和梅子製成的紫蘇梅汁含有高量的 β-胡蘿蔔素和 α-亞麻油酸，能抗發炎、提高免疫機能。

金桔

含多量天然類黃酮和維生素C，可以抗發炎，去痰、理氣、止咳。

成品約800cc 3份

熱量	306.9Kcal
脂肪	3.6g
蛋白質	4.3g
醣類	69.3g
膳食纖維	6.4g
鈉	48mg

MENU.02

柳丁果蜜

食材

▶ 柳丁 4顆

作法

1 柳丁洗淨後將外皮去除，白色果瓤部分盡量保留，
   再將柳丁籽去除。

2 將去皮去籽的柳丁置入容杯，蓋緊杯蓋，打40秒，
   過程中可使用攪拌棒協助調理。

· 營養即時通 ·

柳丁白色果瓤

含高量維生素C和類黃酮，可抗發炎、抗病毒，抑制病毒複製。

成品約450cc

熱量	183.2Kcal
脂肪	0.9g
蛋白質	3.6g
醣類	45.5g
膳食纖維	10.4g
鈉	45mg

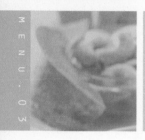

南瓜洋蔥濃湯

哪些人也適用？／癌症預防或調養

食材

▶ 南瓜 550g（連皮帶籽） ▶ 洋蔥 100g ▶ 糙米飯 1米杯 ▶ 腰果 50g
▶ 鹽 1/2茶匙 ▶ 橄欖油 1大匙 ▶ 熱開水 800cc

作法

1 將橄欖油倒入鍋中，再倒入洋蔥炒香（至微黃狀態）備用。
2 將所有食材置入容杯，打1分半鐘即完成。

· 營養即時通 ·

洋蔥

含硫化物和蔥蒜化合物，可刺激腸道產生酵素，解除致癌物質毒性；同時可抗過敏，減
少鼻黏膜腫脹，促進血液循環、發汗。洋蔥含有至少三種抗發炎的天然化學物質，根據
德國的研究，可使哮喘的發作機率降低一半左右。

南瓜

含果膠，具有清腸排毒作用，還有甘露醇可延緩血糖上升；豐富的維生素A與 β-胡蘿蔔
素可清除自由基，抑制致癌物與DNA結合，還可增強黏膜細胞抵抗力，消痰止咳。皮是
纖維和植化素含量最豐富的地方；籽含有各種礦物質，特別是人體造血時必需的微量元
素鈷和鋅；豐富的不飽和脂肪酸和南瓜籽素，則可防止攝護腺腫大，對子宮頸癌也有很
好的預防效果。

成品約1600cc 6份

熱量	914.3Kcal
脂肪	40.5g
蛋白質	26.8g
醣類	122.6g
膳食纖維	13.3g
鈉	14mg

M E N U . 0 4

芒果布丁

食材

▸ 芒果肉 400g　▸ 雞蛋蛋黃 3顆

▸ 低脂鮮奶 300g　▸ 二砂 100g

▸ 葛粉 2大匙（20g）　▸ 檸檬汁 1大匙

作法

1 將所有食材置入容杯，蓋緊杯蓋，啟動
電源，打1分鐘，完成後打開杯蓋。

2 倒入鍋中以中小火熬煮至約70℃，放入冷水
中降溫，再放入冰箱冷藏即完成。

成品約6杯	
熱量	907.0Kcal
脂肪	17.4g
蛋白質	14.1g
醣類	180.8g
膳食纖維	3.7g
鈉	149mg

· 營養即時通 ·

芒果

含有豐富的維生素A、C，可強化黏膜，降低發炎；所含的芒果甙也具有去痰、止咳及抗
癌的作用。但由於含糖分極高，因此有風濕病、皮膚過敏或潰瘍、發炎、長瘡疔等現象
時，最好少吃。

綠色奇蹟

▸ 紫蘇葉 30g ▸ 鳳梨 200g

▸ 蘋果 1顆（約200g） ▸ 白芝麻粒 1大匙

▸ 大豆胜肽 1大匙 ▸ 冷開水 300cc

作法

▸ 將所有食材置入容杯，蓋緊杯蓋，啟動電源，
打40秒即完成。

成品約750cc 3份

熱量	271.0Kcal
脂肪	8.8g
蛋白質	7.0g
醣類	47.5g
膳食纖維	6.6g
鈉	16mg

· 營養即時通 ·

紫蘇葉、鳳梨

紫蘇葉有助於消炎發汗。鳳梨的維生素C與生物類黃酮也很多，還含有B1、錳，富含鳳
梨酵素，除了可幫助消化，還具有抗發炎的特性。

胜肽

營養可直接吸收，並有傳輸作用，能將營養輸往最需要的地方。

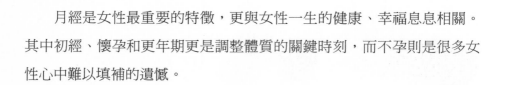

女性保健

不孕、懷孕、更年期

不論是不孕、懷孕或更年期女性，
多攝取天然蔬果、穀物、堅果，
少吃紅肉、避免煎炒炸或人工食品，
都是最理想的飲食方案。

月經是女性最重要的特徵，更與女性一生的健康、幸福息息相關。其中初經、懷孕和更年期更是調整體質的關鍵時刻，而不孕則是很多女性心中難以填補的遺憾。

不孕問題，從改變飲食做起

台灣是目前全球生育率最低的國家，不過，有些女性不是不想生，而是生不出來。全台的不孕夫妻約有二十萬，也就是平均每六、七對夫婦，就有一對不孕，即便接受昂貴又煎熬的試管嬰兒療程，也有高達七成的失敗率。

求子而不可得的痛，我也曾深刻體會。在懷女兒之前，經歷了兩次小產，好不容易孕育的生命，一夕驟逝，讓我身心都飽受衝擊。後來好不容易再度懷孕，過程也一波三折，前前後後安胎了將近四個月，才生下女兒。當時身體不太好，為了改善健康，全家人開始喝精力湯改善體質。我每天早上喝一大杯精力湯，外加一片全麥麵包、偶爾一粒水煮蛋。原以為再也不可能懷孕了，沒想到一年多後，又意外懷孕。懷孕期間照樣喝精力湯，結果精神出奇的好，完全沒有出血、子宮收縮等需要安胎的症狀，連前一胎讓我痛得直掉淚的抽筋也完全不見，順利產下一個壯小子，我都稱他是「精力湯寶寶」！

● 地中海飲食法可提升受孕機會

　　從容易流產到育有一對健康兒女，這其中最大的改變關鍵就在於飲食。荷蘭醫療團隊最新發表的報告已經證明，採取地中海飲食法可以提高婦女的受孕機會。史提格‧休尼森博士調查了一百六十一對接受不孕症治療的夫婦，其中三餐以大量蔬菜、水果、五穀雜糧和魚類為主的婦女，接受治療後，成功懷孕的機率比偏離地中海飲食習慣者要超出四成。

　　地中海的飲食原則是：不吃加工食品和罐頭，吃大量的新鮮水果、蔬菜、豆類、堅果、穀物和種籽，並以橄欖油為日常食用油，肉類也以家禽和魚類為主，少吃紅肉。研究也顯示，飲食習慣接近地中海型的婦女，體內維生素B6和葉酸的濃度較高，可提供卵子保護；而蔬菜油中的Omega-6不飽和脂肪酸，則是前列腺素的先驅物質，與女性生理週期和妊娠都有密切關係。

● 精力湯的「做人」之道

　　我的精力湯食譜，就和地中海飲食型態不謀而合。除了不加肉類之外，精力湯包含了蔬果、全穀、堅果和豆類的全部營養；地中海飲食大量使用的橄欖油，我則以添加核桃、杏仁、腰果、亞麻仁籽等綜合堅果取代，一樣能補充優質的不飽和脂肪酸。蔬果、全穀類蘊藏的維生素B群、葉酸和硒等礦物質，在不知不覺中調整了我的免疫系統，讓身體養足活力，新生命自然能安穩著床。

　　我將「精力湯寶寶」的經驗和朋友分享後，很多原本不容易懷孕的都順利懷孕了，而且生男孩的不少。英國BBC的節目也做過實驗，發現以穀類、豆類、蔬菜、堅果等天然食物打成濃稠果汁，可增強精子活力，有助於「做人」成功，所以不只女人要喝，男人也應該一起喝。

Eating Guidelines
不孕的飲食守則

■ 喝精力湯改善體質

若有體質虛寒、不易懷孕的困擾，可以選擇南瓜精力湯、番薯五穀米漿、高鈣芝麻豆漿、蓮藕豆漿、柳橙南瓜豆漿、翡翠銀耳羹等溫熱奶漿以改善體質；或是在蔬果精力湯中添加堅果或薑，既寒熱平衡又營養充沛。

■ 多運動、避免受寒

別忘了要多運動，每天快走30分鐘，讓血液循環變好，是改善不孕體質的根本之道。我自己的經驗是，在冷氣房多穿長褲，讓室內外溫差不要超過攝氏5度。少吃冰，避免子宮受寒，都是增加受孕機率的方法。當然，最重要的還是夫妻同心，愛，才是迎接新生兒報到的溫床。

孕媽咪，吸收營養要有效率

記得懷姊姊的時候，我還沒開始用精力湯養生，所以遵照醫囑，每天喝一杯牛奶，補充一顆孕婦專屬的綜合維他命。可是孕期之間仍波折不斷，還被驗出缺乏白蛋白，被醫生調侃說：「怎麼到現在還有難民同胞。」安胎期間，營養師開了一大堆肉要我吃，我心想：「明明都有吃肉、魚、蛋、豆腐，怎麼會缺乏白蛋白？」後來才知道，有些人因為疾病或體質因素，肝臟消化、吸收蛋白質的能力較弱，就會白蛋白不足。

另外，最難忘的是小腿抽筋的經驗。我雖然吃了很多肉、喝了很多牛奶，但仍然經常抽筋，特別是懷孕最後幾個月，無數次在半夜因小腿抽筋而痛醒，按摩也不成、伸直也無用，甚至痛到掉淚。

而懷「精力湯寶寶」期間，我每天早上喝一杯用蔬菜、水果、生堅果加海帶芽打成的500cc精力湯，再加一片全麥土司補充碳水化合物，一顆水煮蛋補充蛋白質；中午、晚上則比照一般飲食，完全沒喝牛奶，也沒有補充維他命。結果九個月下來，一次都沒有抽筋，而且精力充沛，也沒有白蛋白不足的問題，讓我對精力湯的均衡多元、完全吸收，產生了深刻的印象，從此再也離不開它。

孕期飲食除了澱粉、蛋白質等基本營養的攝取，還要加強補充鈣質、葉酸和鐵質、維生素B6。把各色蔬菜、水果、堅果、豆類、全穀類、海藻類、菇蕈類，適當混合、均衡搭配，打成好喝的全食物精力湯，就是孕媽咪最好的營養補充。再加上一些小魚、瘦肉、蛋，就不用擔心營養不足，也不用害怕吃太多，生完之後身材走樣。

Eating Guidelines
懷孕期的飲食守則

懷孕期間,要特別注意以下營養的補充和攝取:

■ **葉酸**

胎兒生長發育不可缺少的營養素,有助於胎兒大腦和神經管的發育,避免造成神經管畸形,減少兔唇或唇顎裂。綠色蔬菜和豆類、酵母、動物肝、香蕉、橙汁等都有豐富的葉酸。

■ **鈣**

構成胎兒骨骼的主要營養素,孕婦缺乏鈣質,除了容易骨質疏鬆,也會影響胎兒骨骼和牙齒的健康。富含鈣的食物有:黑白芝麻、紫菜、海藻、金針、黑糖、黑豆、黃豆、黃帝豆、毛豆、花豆、莧菜、高麗菜、木耳、糙米、杏仁、芥藍菜、香菇、油菜、蘿蔔乾、捲心芥菜、地瓜葉。

■ **鐵質**

製造血色素的核心營養素,孕婦鐵質攝取不足,除了本身會貧血,胎兒早產的比率也會增高。乾豆及綠色蔬菜是植物中的鐵質最佳來源,其次是葡萄乾、紅棗、黑棗、芝麻、全穀類。

■ **碘、鋅**

海藻等含碘食物有助於胎兒大腦發育;鋅的量不一定要很多,但是它參與了人體至少八十種以上的酵素活動,對胎兒的生長發育影響很大。含鋅食物有海帶、黃豆、扁豆、黑芝麻、南瓜籽、牡蠣、貝、瘦肉等。

■ **懷孕要涼補,坐月子才熱補**

懷孕體質會變熱,千萬別再吃燒酒雞、羊肉爐等熱補食物。坐月子期間的飲食也很重要,這時候就要吃麻油豬肝、麻油雞等滋補食物,蔬果也要選溫性或平性的吃。我完全按照古法坐月子,確實對改善體質很有幫助。

更年期，天然食物可舒緩不適

　　更年期對許多女性來說都是一個心理關卡，既害怕它來得太早，宣告妳已經不再年輕，更害怕它帶來的副作用，會讓妳的生活天翻地覆。也因此，更年期成為一個不受歡迎的禁忌話題，進入的人不願談它；未進入的人也不知如何談它；而中年熟女到了相當年齡，就開始提心吊膽地等待。

● 更年期症狀也是新興文明病

　　我也曾懷著忐忑的心情等待更年期，但等了許久，卻一直沒有感受到更年期的威力。我很好奇，為什麼更年期對我特別仁慈，連醫生也感到疑惑。記得有一次做例行追蹤檢查，發現我的荷爾蒙指數低了，一直擔心我為什麼還沒進入更年期的醫生要我有心理準備，更年期快到了。過了幾個月再回去檢測，荷爾蒙又高了，嚇得醫生說：「怎麼回事？妳又回春了。」醫生說，到我這個年齡才開始進入更年期的，大約只占人口的5％，還問我：「奇怪！妳的荷爾蒙到底藏在哪裡？」

　　至於惱人的更年期症狀，諸如：由於雌激素減少引起的熱潮紅、盜汗、皮膚乾燥、腰痠背痛、頻尿、高血壓等生理上的不適，以及失眠、睡眠障礙、情緒不穩、鬱悶焦慮等心理方面的不適，有些朋友談起來咬牙切齒、繪聲繪影，我卻沒有太多經驗。

　　我一直在揣測這其中的原因，發現祕密就藏在飲食和生活型態裡。其實在五、六十年前，更年期幾乎不是問題，現在卻成了困擾許多人的大問題。原因就在這幾十年裡，人類的飲食和生活型態起了有史以來最

大的變化，高油脂、高蛋白、高熱量、加工食品、速食、合成飲料這種西式的飲食習慣席捲全球，連帶產生了許多慢性疾病，諸如癌症、心血管疾病、糖尿病、腎臟疾病，而更年期症狀也是其中之一。

● 善用飲食抗氧化、防「心」病

所以，許多研究建議想要紓解更年期症狀的女性，可採用「地中海飲食」、「印度地中海飲食」或是「新起點飲食」。這些飲食方式的共同點就是多攝取蔬菜、水果、五穀全麥、堅果，少吃紅肉，避免煎、炒、炸及反式脂肪。這也是我一向大力提倡和實踐的飲食方式，結果證明真的有效。「因為天然食物中有許多珍貴的營養素，可以幫助更年期女性舒緩不適症狀，並提高心血管及組織的抗氧化能力，為老年期的來臨預做準備。」

停經後，婦女特別要提防「心病」，因為少了女性荷爾蒙的保護，四十五歲以上女性罹患高血脂、血管硬化、心臟病及中風的機率大幅增加，六十五歲以上婦女的罹病率更超越同年齡男性。很多人擔心用荷爾蒙治療更年期症狀容易提高各種癌症的罹患率，又擔心不接受荷爾蒙治療所可能導致的不適和心血管疾病威脅，於是，改善飲食似乎是一個簡單易行的解決方案。

醫師建議每天要吃十份100公克的蔬果，這對多肉少菜的現代人似乎很難做到。我的方法非常簡單，就是每天喝一杯用蔬菜、水果、堅果或全穀、豆類、根莖類打的精力湯，輕鬆補足所需要的營養素，讓我不再畏懼更年期。

更年期的飲食守則

有益更年期的食物包括：

- **含有植物雌激素**：減緩因女性荷爾蒙不穩定引起的潮紅、心悸、盜汗等不適並減少心血管疾病，如豆類、山藥、地瓜、菇蕈類，以及扁豆、穀類、小麥、黑米、葵花籽、洋蔥等。其中黃豆、黑豆、毛豆、豆漿都含有天然的大豆異黃酮，是更年期婦女最好的保健食物。
- **富含維生素B群**：糙米、小米、玉米、麥片等全穀類，以及菇蕈類（蘑菇、香菇等）、小麥胚芽、水果、綠葉蔬菜等，可以減輕神經功能失調現象，改善頭暈、耳鳴、失眠、健忘、汗多、心悸等症狀。
- **具鎮靜安神作用**：如綠豆、豌豆、銀耳、百合、蓮子等，可以改善睡眠及憂鬱焦慮狀態。

改善經前症候群的飲食守則

- **少鹽低糖多好油**：在生理期的前兩個星期，建議減少醣類、鹽分攝取，以維持血糖濃度的穩定，並多攝取富含Omega-3不飽和脂肪酸、亞麻油酸的食物，如堅果、芝麻、亞麻仁籽、鮭魚、青花魚。
- **生理期少吃酸澀食物**：石榴、青梅、楊梅、楊桃、李子、檸檬、橄欖等，以免血管收縮，血液澀滯，造成經血瘀阻，引發經痛。
- **少吃寒性蔬果、刺激性食物**：包括西瓜、火龍果、梨子、苦瓜等。不要吃冰、含酒料理及刺激性食物。
- **多吃補血食物**：如蘋果、葡萄、南瓜、葡萄乾、紅棗、紅豆、豬肝、腰子等。
- **多吃含植物雌激素的食物**：如黃豆、薏仁、山藥、牛蒡等。

女性

·健康吃·

豐富的葉酸、維生素B群與植物雌激素。
女性易因缺鐵而暈眩、頭痛,需補鐵。
懷孕、更年期需補鈣,以防骨質流失。
更年期應避免高血脂、心臟病。
孕婦、更年期要減少尿道感染。

MENU.01

紅蘿蔔蔓越莓汁

哪些人也適用?/久坐憋尿、泌尿道經常感染者

食材

▶ 紅蘿蔔 110g   ▶ 鳳梨 250g   ▶ 蔓越莓乾 1大匙(約10g)   ▶ 冷開水 380cc

作法

▶ 將所有材料置入容杯,蓋緊杯蓋,打1分鐘即完成。

叮嚀

▶ 適合孕婦、更年期婦女食用。

·營養即時通·

蔓越莓

含有罕見的A型初花青素,與預防大腸桿菌黏附在泌尿道上皮細胞的抗黏附作用有關,
可維持泌尿道健康並減少感染。蔓越莓並有豐富的類黃酮與多酚,可以防癌、抗老化,
多種有機酸則可增強體力。

成品約750cc 3份

熱量	178.8 Kcal
脂肪	1.1g
蛋白質	3.5g
醣類	42.5g
膳食纖維	6.4g
鈉	90mg

MENU.02

紅棗黑豆漿

哪些人也適用？／肝病、高血脂患者

食材

▶ 煮熟黑豆 2米杯　▶ 去籽紅棗 8顆

▶ 熱開水 600cc　▶ 糙米飯 1米杯

作法

▶ 將所有材料置入容杯，蓋緊杯蓋，打1分鐘即完成。

叮嚀

▶ 適合孕婦、更年期婦女、骨質疏鬆者食用。

成品約1000cc 4份

熱量	432.0 Kcal
脂肪	11.3g
蛋白質	34.5g
醣類	54.0g
膳食纖維	20.6g
鈉	7mg

· 營養即時通 ·

黑豆

除了提供大量蛋白質、含有豐富的大豆異黃酮，比黃豆含有更多鈣與鐵，更適合懷孕、更年期婦女及骨質疏鬆者飲用。

紅棗

味甘、性平，具有補益脾胃、養血安神等作用，並可抑制肝炎病毒的活性。

MENU.03

桑椹果粒醬

哪些人也適用？╱高血脂、脂肪肝、貧血、癌症、化療患者；
　　　　　　　美膚

食材

▸ 新鮮桑椹 800g　▸ 原色冰糖 400g

作法

1　將300g新鮮桑椹及400g冰糖放入調理容杯中，蓋緊杯蓋，打30秒。

2　打開杯蓋，再將100g新鮮桑椹放至容杯中，蓋緊杯蓋，啟動電源，不開高速，
　　將調速鈕由1轉至10，再由10轉回1，來回3次，利用轉速的變化切碎食材。

3　將容杯內的桑椹汁倒入炒鍋，開中火煮至沸騰後計時約10分鐘，再加入新鮮的
　　桑椹400g，煮至想要的濃稠度即可熄火，待冷卻後即完成。

叮嚀

▸ 用調理機來打桑椹，破壁效果可以釋放出植物膠質；若以傳統作法，約需熬煮
　　3~4小時，以調理機打過之後只需熬煮20分鐘，節能省時，保留更多營養。

▸ 可當抹醬、沙拉醬，幫助化療患者增進食欲。

· 營養即時通 ·

桑椹

含有豐富的花青素、胺基酸、活性蛋白、維生素B、C和鈣、鐵，營養是蘋果的5~6倍、
葡萄的4倍，能增強免疫力、激發淋巴細胞轉化、增強造血機能、抗腫瘤等，常吃能緩
解眼睛疲勞、延緩衰老、美容養顏。

成品約800cc

熱量	1910.5 Kcal
脂肪	2.4g
蛋白質	4.5g
醣類	479.6g
膳食纖維	0g
鈉	4mg

MENU.04

蓮香奶露

食材

▶ 蓮子 50g　▶ 腰果 50g　▶ 糙米飯　半米杯　▶ 原色冰糖 1大匙

▶ 熱開水 700cc

作法

1　將蓮子放入電鍋，內鍋水與蓮子齊平，外鍋加2杯水，蒸熟備用。

2　將2/3的蓮子、糙米飯、腰果、原色冰糖和熱開水置入容杯，蓋緊杯蓋，打1分鐘。

3　將打好的奶漿倒入鍋中，以小火煮至滾開（過程需不斷攪拌），再加入剩餘的蓮子煮至濃稠狀即完成。

· 營養即時通 ·

蓮子

中醫認為蓮子具有補腎養心、補脾益胃的作用。現代醫學發現，蓮子心所含生物鹼具有強心作用，可維持神經傳導性、肌肉伸縮性和心跳的節律、毛細血管的滲透壓，所以不怕蓮心苦的人，最好整顆使用。

糙米飯

含豐富維生素B群，可改善頭暈、耳鳴、失眠、健忘、汗多、心悸等神經功能失調現象。

腰果

含大量不飽和脂肪酸和油酸，可抑制發炎，增進心血管健康。中醫認為腰果可治咳逆、心煩、口渴。

成品約850cc **3份**

熱量	478.1 Kcal
脂肪	23.9g
蛋白質	16.5g
醣類	54.7g
膳食纖維	5.5g
鈉	82.5mg

MENU.05

養生芝麻豆腐

食材

▶ 白芝麻 50g ▶ 黑芝麻 50g ▶ 葛粉 20g ▶ 冷開水 500cc

作法

1 將黑芝麻、白芝麻及冷開水置入容杯，蓋緊杯蓋，打2分鐘。

2 打開杯蓋，加入葛粉，蓋緊杯蓋，啟動電源，不開高速，將調速鈕由1轉至10，
再由10轉回1，來回3次，利用轉速的變化攪拌食材，完成後倒入鍋中。

3 將鍋子放在瓦斯爐上用小火慢慢攪拌，至糊化煮開即可倒入模型中，待涼後放
入冰箱冷藏即可完成。

叮嚀

▶ 已凝結的芝麻豆腐，切塊沾柴魚醬油、和風醬或蜂蜜食用皆可。

· 營養即時通 ·

芝麻

富含鐵、鈣，可預防骨質疏鬆；還含有維生速E和木質素，能清除自由基，減少發炎；
豐富的亞麻油酸可去除附在血管壁上的膽固醇；鋅則有助胎兒發育、調整內分泌。

成品約600cc

熱量	610.3 Kcal
脂肪	50.3g
蛋白質	18.5g
醣類	13.2g
膳食纖維	13g
鈉	29mg

MENU.06

山藥黃豆漿

哪些人也適用？／銀髮族、氣虛體弱者；胃病患者

食材

▶ 煮熟黃豆 1米杯　▶ 蒸熟山藥 110g

▶ 原色冰糖 1大匙　▶ 熱開水 540cc

作法

▶ 將所有材料置入容杯，蓋緊杯蓋，打1分鐘即完成。

成品約750cc 3份	
熱量	304.6 Kcal
脂肪	10.2g
蛋白質	19g
醣類	39.3g
膳食纖維	7.5g
鈉	20.6mg

· 營養即時通 ·

山藥

含多醣體、黏液蛋白、薯蕷皂素與植物雌激素等，可滋養強壯身體、修復腸胃黏膜、增進食欲並促進干擾素、T細胞的合成，改善更年期不適。

黃豆

含豐富的蛋白質、葉酸和大豆異黃酮。

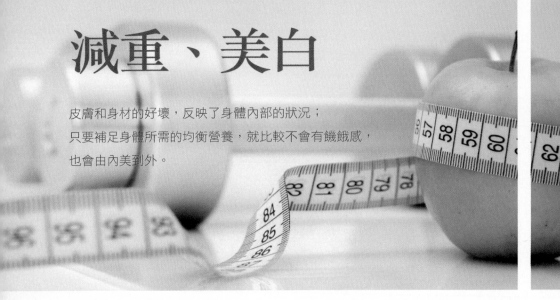

減重、美白

皮膚和身材的好壞，反映了身體內部的狀況；
只要補足身體所需的均衡營養，就比較不會有饑餓感，
也會由內美到外。

　　「你變胖了。」「最近去哪兒玩，曬得很黑啊！」變胖、變黑，大概是台灣女人最怕聽見的評價。不只女性怕胖，男性也不喜歡「發福」。歐美各國甚至把肥胖視為一種慢性病，因為它對人類健康的威脅日趨嚴重，並且在國際間迅速蔓延。

胖不是病，但過重可會要人命

　　肥胖被視為健康大敵，主要是因為肥胖是一切慢性病的源頭。除了高血壓、心臟病、腦中風、糖尿病、痛風、脂肪肝之外，肥胖也會增加罹患癌症的風險，包括大腸直腸癌、食道癌、胰臟癌、膽囊癌、肝癌、

胃癌、腎臟癌和乳癌、子宮頸癌、子宮內膜癌、卵巢癌、攝護腺癌等多種癌症，都與肥胖關係密切。肥胖中年女性得膽囊炎的機率也比較高。還有研究發現，超重婦女月經失調的比例較高，更年期也來得較早。肥胖一族還飽受退化性關節炎、睡眠呼吸中止的痛苦與威脅。

根據統計，台灣有近三成五以上的人有過重及肥胖的問題。什麼叫過重、肥胖，可是有標準定義的。世界衛生組織（WHO）用身體質量指數（BMI）來衡量，亞洲人因為身體脂肪含量較高，所以WHO的理想體重基準值是BMI≧18.5≦22.9，BMI超過23為過重，大於25就算肥胖。國內衛生署的標準則是1824，也就是BMI在18~24之間為標準，大於24是過重，超過27才算肥胖；雖然寬容了一點，但保守估計，全台灣仍有三百五十萬成人體重過重，一百八十萬人肥胖。

算算看，你是肥胖一族嗎？

■ 用BMI（body mass index，BMI）「身體質量指數」來計算：
  體重（公斤）÷身高（公尺）的平方
  例如身高160公分，體重50公斤的人，其身體質量指數為：
  50÷（1.6X1.6）＝19.5。

■ 另一個更簡單的方法則是量腰圍：
  男性腰圍超過90公分（約35.5吋），女性腰圍超過80公分（約31.5吋），就稱為肥胖。

小心隱性肥胖，淪為泡芙族

BMI也不是萬無一失，它的主要缺點是無法顯示體脂肪的比例。有一位165公分、64公斤的45歲女性，BMI還不到24，平時作息正常，外型也不胖，腰圍只有72公分，有一天卻忽然中風。經檢查後才發現，她的血壓、空腹血糖、三酸甘油脂和低密度膽固醇全都超過標準值，屬於代謝症候群患者；體脂肪高達37%，屬於隱性肥胖族，也被稱為「泡芙族」，病因則跟長期高油、高糖、高鹽、低纖的飲食習慣有關。男生體脂超過25%、女生體脂超過30%，就是泡芙族的成員，而國內女性泡芙族的比例約占四成。

不論是為了美觀或健康，一提到「瘦身」，男男女女都興致勃勃，坊間各式減肥法五花八門，只要上網google一下，就跳出一籮筐的減重訊息：代餐、療方、針灸、道具和藥物……令人眼花撩亂。但是刻意節食或自行服藥，卻可能對健康造成危害。有人減了肌肉卻沒減脂肪，肌肉比脂肪重，看起來體重減輕了，脂肪比例卻增高了，越減越糟糕；有人則是長期吃低熱量代餐，結果酮酸中毒；還有人老是在減肥又復胖的循環裡掙扎，更有人差點減出人命。

高纖飲食，才是常保窈窕的秘訣

我十多年來體重一直沒有太大變化，BMI始終保持在20~21之間，腰臀比也很好，老朋友見面總愛追問：「到底怎麼保養的？」我從未節

食，也沒有刻意減重，就只是每天早上喝一杯全食物打成的精力湯，並且奉行我的飲食六原則，再加上適度運動，就是控制體重最有效、而且能夠長期執行的方法。

蔬果、全穀、堅果及豆類，含有豐富的膳食纖維，熱量低，卻可以延長胃腸排空時間、增加飽足感，又能減少腸道內脂肪的吸收，是控制體重的好幫手。高纖加水或湯，體積增加，更容易把胃撐飽。更重要的是，高纖食物可以減少便秘，幫忙清除腸中和體內的廢物，連帶使得腰線窈窕、肚腩變小。

充滿生機的食物不只能幫助維持身材，同時也是營養滿分的新鮮佳餚。每天乾一杯，補足身體需要的植化素、維生素、礦物質和蛋白質、複合式碳水化合物，營養均衡了，身體就不會老是有飢餓感。

許多讀者照我的食譜，每天打精力湯喝，通常幾個月之後，都會發現排便順暢、精神變好、感冒變少、鮪魚肚變小、身材變苗條等令人驚喜的變化。對他們來說，減肥是身體健康的副產品，每個月減一到兩公斤，健康又安全。其實皮膚和身材的好壞，反映了身體內部狀況，想要苗條、白皙，只在外表做功夫是不夠的。大自然之母為我們準備了許多平價卻效果非凡的食材，減肥、美白不用花大錢，只要遵循健康的飲食方式，用天然的蔬果穀物調整新陳代謝，加上適當的運動和睡眠，身體自然會由內美到外。

減重、美白的飲食守則

有體重困擾的人得牢記,要戒的不是營養,而是零食和高油高熱量食物。按照以下的飲食要點展開減重新生活吧!

■ 早晚改喝精力湯

減重者要避免貪嘴,早餐一定要好好吃。研究發現,早餐吃得越多,越不會在其他時間找東西吃。而成功的減肥是從晚餐開始,可以試著把晚餐改為精力湯或奶漿、濃湯,因為晚上少吃,減重效果最明顯,又可以減輕身體負擔,一舉兩得。早晚各一杯精力湯或奶漿、濃湯,提高膳食纖維攝取量,中午則維持正常均衡的飲食(仍要注意熱量控制),效果更好。

■ 喝蔬果汁有撇步

新鮮蔬果汁最好連皮帶籽打,纖維量更大、更有飽足感、營養也更豐富;為了控制體重,不要選太甜的水果。國外研究發現,堅果可以抑制食欲、提高代謝率、促進脂肪燃燒,所以打精力湯時可加適量堅果,或用堅果當點心(一天不超過30克)。

■ 鈣與蛋白質有益減重

富含蛋白質的食物可以提高飽足感、降低食欲,所以用黃豆、黑豆、毛豆打成豆米漿或濃湯,也是不錯的選擇。同時,豆類、芝麻、糙米、綠色蔬菜等含鈣量高的食物,可以促進脂肪燃燒速率,還能減少身體吸收脂肪的量,長期下來也會帶走不少脂肪,所以高鈣黑芝麻豆漿是減脂首選。

■ 海帶芽也是消脂良品

研究指出，海帶纖維能減少體內脂肪吸收，減少幅度達75％以上。所以我也曾在蔬果精力湯中加入海帶芽，以攝取維生素A、B群及鈣、鐵、碘等礦物質，其中的褐藻膠能幫助排便，又能降低膽固醇。如果不喜歡蔬果汁加海帶芽的味道，不妨用蒸熟的毛豆加海藻、用味噌調味，喝起來滋味也挺不錯的。

■ 消水腫可以這樣喝

如果是經常水腫的溼性體質，可將紅豆、薏仁蒸熟後，加溫水打成粥喝。薏仁利尿、消腫，紅豆也有補血、消腫效果，以兩者為底，另外加些熟山藥、黃豆、黑豆、芡實等，打成綜合粥，既去濕又健胃。擔心吃得太寒，則可以放入龍眼、紅棗等補氣血食材，做好寒熱平衡。

■ 美白可以這樣喝

選擇高維生素C的蔬果；黑、白木耳可防止皮膚生成老人斑，冬瓜木耳濃湯既消水腫又去斑。也可將白木耳加紅棗打成銀耳燕窩，白木耳富含胺基酸和膠原蛋白，有美白聖品之稱，打成濃漿還真有燕窩的口感。紅棗養血補脾增加好氣色，是名符其實的窈窕美人湯。

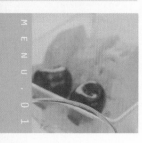

減重美白

·健康吃·

飲食需求

低熱量、高纖維、增加飽足感。
鉀可消水腫。
鈣可促進脂肪燃燒，減少脂肪吸收。
堅果與蛋白質可抑制食欲。
維生素A、C與植化素有美白效果。

MENU.01

櫻桃鳳梨汁

哪些人也適用？／便秘、產婦、經後貧血者

食材

▶ 櫻桃 200g　▶ 鳳梨 150g　▶ 冷開水 200cc

作法

▶ 將所有材料置入容杯，蓋緊杯蓋，打1分鐘即完成。

叮嚀

▶ 櫻桃和鳳梨都有補血、提高新陳代謝速率的功效。

成品約550cc 2份

熱量	207.2Kcal
脂肪	1.1g
蛋白質	3.2g
醣類	52.1g
膳食纖維	5.1g
鈉	9.5mg

·營養即時通·

櫻桃

鐵質含量豐富，有助於血紅蛋白形成，幫助血紅素攜帶氧氣，給人好臉色；類胡蘿蔔素和維生素C可養顏美容、延緩老化、預防感冒；花青素能抗氧化、減少發炎現象；膳食纖維能促進腸胃蠕動。

鳳梨

纖維可促進腸蠕動，增加糞便體積，改善便秘現象。

活力精力湯

哪些人也適用？／三高患者

食材

▶ 紅蘿蔔 100g　▶ 小黃瓜 30g　▶ 西洋芹 15g

▶ 葡萄 50g　▶ 香蕉 1根（約100g）

▶ 亞麻仁籽 2茶匙　▶ 冷開水 350cc

作法

▶ 將所有材料置入容杯，蓋緊杯蓋，打40秒即完成。

叮嚀

▶ 這是一道高纖、低熱量的減重飲品。

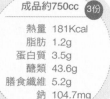

成品約750cc　3份

熱量	181Kcal
脂肪	1.2g
蛋白質	3.5g
醣類	43.6g
膳食纖維	5.2g
鈉	104.7mg

· 營養即時通 ·

紅蘿蔔

含豐富的維生素A，可提高活力、保護皮膚和黏膜。

香蕉

高鉀可消水腫。

MENU.03

銀耳燕窩

哪些人也適用？／三高、過敏患者

食材

▸ 乾白木耳 15g　▸ 紅棗 30g　▸ 蓮子 50g　▸ 原色冰糖 50g　▸ 冷開水 1500cc

作法

1　將乾木耳洗淨，浸泡冷開水30分鐘，泡發後將黃色蒂頭剪掉，瀝乾水分。

2　將紅棗洗淨去籽備用。蓮子洗淨（乾蓮子不用泡水，以免煮不爛）備用。

3　將白木耳及1500cc冷開水置入容杯，蓋緊杯蓋，啟動電源，不開高速，將調速鈕轉至5，打30秒，利用低速將食材切碎。完成後，將白木耳漿倒入電鍋內鍋，留500cc的白木耳漿在容杯中。

4　蓋緊杯蓋，啟動高速，打30秒。

5　將打好的白木耳漿倒入電鍋內鍋中，加入紅棗及原色冰糖，外鍋加8杯水蒸熟即完成（也可用電子壓力鍋）。

· 營養即時通 ·

白木耳

高纖、低熱量，具有美白作用，防止皮膚形成老人斑的效果尤其明顯。因為人體內有一種脂褐素，沉積在皮膚內，就會出現老年斑；聚積在心、肝、腎，就會降低這些器官的代謝功能。常吃黑木耳、白木耳能阻止脂褐素的聚積，消除老人斑。

紅棗

補氣養血，增加好氣色，同時也能提高體內單核—吞噬細胞系統的吞噬功能，有保肝作用，被稱為「天然維他命」。

成品約1600cc 6份

熱量	339.9Kcal
脂肪	0.5g
蛋白質	5.8g
醣類	80.3g
膳食纖維	6.5g
鈉	76mg

MENU.04

冬瓜海帶湯

哪些人也適用？／三高患者

食材

▸ 蒸熟冬瓜 450g（連皮帶籽）　▸ 海帶（乾）10g　▸ 薑 2g　▸ 鹽 1小匙
▸ 冷開水 800cc　▸ 冷壓芝麻油 20cc

作法

1 海帶洗淨，加入800cc冷開水，置於瓦斯爐上煮至沸騰後熄火，海帶及高湯備用。

2 將煮熟海帶用芝麻油炒過。

3 將蒸熟的冬瓜皮、冬瓜籽、300g冬瓜肉（預留約150g的冬瓜肉做顆粒用）、
　鹽、薑及海帶高湯依序放入容杯，蓋緊杯蓋，打60秒。

4 打開杯蓋，放入預留的冬瓜肉及炒好的海帶，蓋緊杯蓋，開啟電源，將調速鈕
　由1轉至10，再由10轉回1，來回3次，利用轉速的變化切碎食材即完成。

叮嚀

▸ 甲狀腺機能亢進、需要限碘的患者要少吃海帶，限鈉患者可不加或減少鹽量。

· 營養即時通 ·

冬瓜	海帶
含丙醇二酸，可防止發胖，健康減肥。皮和籽的營養價值最高，煮水可清肺祛痰，還可降低血膽固醇。冬瓜籽除利水外，還能促進干擾素產生，增強抗病力，用這種方式料理冬瓜，可以吃到最多營養。	營養價值高、熱量低，豐富的碘可促進血液中三酸甘油脂的代謝，可溶性纖維有助於降低血膽固醇。另含有多種微量礦物質，促進人體新陳代謝，減少脂肪吸收。

成品約1200cc 5份

熱量	246.4Kcal
脂肪	20.9g
蛋白質	3.2g
醣類	13.6g
膳食纖維	7.8g
鈉	1669mg

MENU.05

莎莎醬

哪些人也適用？／三高、感冒患者

食材

▶ 牛番茄 2顆（約300g）　▶ 甜椒 70g

▶ 洋蔥 150g　▶ 果糖 2大匙　▶ 檸檬汁 40cc

▶ 鹽 1/4茶匙　▶ 辣椒粉 少許

成品約600cc

熱量	248.4Kcal
脂肪	1.6g
蛋白質	5.2g
醣類	57g
膳食纖維	8.4g
鈉	220.6mg

作法

▶ 將所有材料置入容杯，蓋緊杯蓋，啟動電源，
將調速鈕轉至刻度3，打30秒，
過程中使用攪拌棒協助調理。

叮嚀

▶ 這道莎莎醬可搭配全麥土司或全玉米片來吃，熱量低、纖維多，
有助於控制體重，是好吃又健康的點心。

· 營養即時通 ·

番茄、甜椒、洋蔥

均富含維生素與植化素，具有強力抗氧化、去自由基能力，能防止血管破裂老化，抑制
癌細胞生長，提高免疫功能，促進皮膚健康。

嬰幼兒成長

嬰兒時期是孩子成長中最敏感的時期，
飲食習慣將設定其身體機能的發展，
對生理系統產生長遠的影響。

從懷孕開始，培養不挑食的孩子

你家的餐桌像戰場嗎？你正在為孩子偏食、不愛吃青菜而煩惱嗎？

其實味蕾的養成始於子宮時期，所以要訓練孩子的口味，應該從懷孕就開始。好幾項研究證實，食物的味道會滲入羊水，並且影響日後孩子對食物的選擇和偏好。所以孕媽咪為了自己和孩子的健康，應該慎選飲食。這也是我為什麼強力推薦孕媽咪喝精力湯：一方面補足自己的營養；一方面給孩子清新的味蕾，習慣天然食物的風味。

嬰兒時期是孩子成長中最敏感的時期，飲食習慣會設定他身體機能的發展，對生理系統產生長遠的影響。多項國際研究結果都顯示，嬰兒

早期營養過盛，尤其是進食高蛋白質配方奶粉，會增加長大後罹患高血壓、冠心病、癡肥等風險。也有研究發現，孩子從兩歲到十一歲的體重，與成年後的心臟狀況有最直接的關係，比其他任何年齡的體重預測力更強。也就是說，孩子從小就胖，比長大後才發胖，得心臟病的機率要更高。

所以，要預防心臟病、高血壓、肥胖、糖尿病，甚至是癌症這些可怕的成人慢性病，就得從小時候的體重控制做起。從小養成良好的飲食習慣，可以說是最事半功倍的方法。

自製精力湯，是理想的副食品

我雖然很重視孩子的飲食，不過是直到幼稚園以後才給他們喝精力湯。家裡雖有一台萬能的營養調理機，我卻只用來照顧先生和自己，忽略了它也是調製嬰兒食物的好幫手，錯過了用天然食物餵養孩子的黃金期，這是我最懊惱的事。

我的朋友，專攻兒童營養的林麗美在這方面就做得比我好。她在孩子一出生時，就送給他們一份無價的禮物——「健康的飲食習慣」。孩子出生後的前六個月只喝上天賜給寶寶的天然食物——母奶；六個月後，她開始添加自製的精力湯副食品給寶寶補充營養，並且依據寶寶不同的發育階段，調配適合的精力湯副食品：

● **六～九個月**：是單樣食物介入階段，一次只給寶寶一種食物。林麗美用全營養調理機打蔬菜泥、水果泥給寶寶吃。如果觀察了幾天，孩子

沒有腸胃不適的現象，才嘗試混合兩種食物。

● **九～十二個月**：寶寶可以開始吃混合食物，她則將煮熟的馬鈴薯、山藥、毛豆打成稠狀，做成濃湯、粥類或豆腐羹。這個階段可以開始給孩子吃蛋黃，但是蛋白容易引起過敏，她在滿週歲後才給孩子吃，而且只買有機的蛋、奶。

● **滿週歲之後**：孩子滿週歲後因為已經長牙，為了讓他學習咀嚼，她開始給孩子吃細軟質食物，而不再給他泥狀食物。她很少給孩子吃肉，為了增加礦物質，這時就要大量藉助全營養調理機，將菇蕈類、海帶類打碎，避免寶寶噎到，再加入胚芽米飯裡煮成粥給孩子吃。

小孩偏食，是大人的責任

　　林麗美除了正餐給孩子吃自然食物，連點心類也是富含營養的莓果類和海苔。兒子剛出生時皮膚不太好，當他可以吃較硬的食物時，她就給兒子葡萄乾、蔓越莓乾等莓果類當點心吃、或拌到飯裡，同時也有助於孩子發展「撿拾」的動作。

　　用海苔當點心，可以補充礦物質和微量元素。但是她特別提醒家長要注意來源，最好購買通過重金屬檢測的海苔，同時要注意鹽分，以免從小養成「重鹹」口味。另外，為了補充蛋白質，她也用自己喝的豆類堅果精力湯當基底，做蛋糕給小孩吃。

　　很多專家認為，嬰兒不需要喝水，因為母奶、牛奶已經有很多水，但林麗美不認同，她認為嬰兒還是有必要喝水。所以，她在餵母奶前後

都會餵水。「那是給孩子嘴巴乾淨的感覺。」而她的苦心沒有白費，孩子很喜歡喝水，即使她準備養生茶讓大兒子帶到學校喝，孩子還是會要求她另備一壺白開水。

現在，兩個分別為十二歲和五歲的寶貝兒子，對於一般孩童熱愛的速食、飲料與零食興趣缺缺，只喜歡吃蔬菜、水果等自然食物；大兒子常打噴嚏的毛病以及嚴重的黑眼圈，也改善很多。

台灣有六成兒童有偏食問題，林麗美認為家長要負最大責任。她在幼稚園擔任菜單設計顧問時，看到很多小孩到了三歲還在用奶瓶喝奶、吸奶嘴，原因是很多家長不了解嬰兒從吸吮轉為咀嚼的關鍵期，因而錯失斷奶的最佳時機。

林麗美說，在嬰兒的發育階段中，前六個月喝母奶是吸吮動作，那是反射動作，嬰兒躺著喝不會嗆到；六～九個月是咀嚼關鍵期，嬰兒可以坐著吃東西，但很多家長都將食物裝進奶瓶給小孩吸，孩子的咀嚼經驗少，不習慣咬，因而導致偏食、不喜歡吃蔬菜。口感需要長時間訓練，最佳時機是在小孩一歲之前。她還記得大兒子六、七個月大時，就會拿起桌上的青椒咬了。

其實，讓全家吃得健康一點都不難，只要有好工具再加上滿滿的愛心，家裡每天都會有健康滿點的愛心餐點，讓全家更健康、更幸福。英國有一項研究顯示，這一代的孩子會比他們的父母早死，原因是他們吃了太多人工食品；而且還會比他們的父母矮，因為睡得太晚。您當然不願意讓這樣的預測成真，那麼就讓我們一起努力吧！

Eating Guidelines
嬰幼兒的飲食守則

很多父母常問我，什麼時候可以開始給孩子喝精力湯？如果把「天然食物攪碎」都算精力湯，那麼真的從很小就可以開始了！

■ **食物要一樣一樣慢慢加**

孩子六個月開始就可以吃單獨一種食物泥；九個月以上可以混合兩種以上不同食物泥；一歲以後可嘗試加入堅果、豆類，如蔬菜、水果加堅果，或豆類加堅果。也可以用糙米、胚芽米加豆、蛋、小魚，但建議還是一樣一樣加，觀察幾天，避免孩子過敏或消化不良。萬一有腹瀉或起疹子等過敏現象，可以等一個月後再嘗試。其實在三歲前，孩子的免疫系統都還沒有發育完全，父母不必太急著列出過敏黑名單，以免孩子營養不均衡。

■ **三歲以後開始喝精力湯**

跟大人喝的一樣品項複雜、生熟兼具的精力湯，建議還是三歲後再開始。先用一、兩種較甜的水果來打，讓孩子喜歡上精力湯，再慢慢加一些孩子比較陌生或不喜歡的蔬果，讓飲食經驗不斷擴張、營養更均衡。

譬如，我一開始用蘋果、鳳梨、香蕉打成奶昔狀，盡量色香味俱全。等孩子喝習慣了，再慢慢偷渡芽菜、甜菜根、芹菜、青椒這些孩子不喜歡的蔬菜。最重要的是持之以恆，孩子才會體會精力湯的好處而不再抗拒。

■ **帶著孩子一起動手做**

像蕭副總統夫人為了讓孫女多吃蔬果，會帶著她一起打全葡萄汁。孫女一喝就喜歡上葡萄汁香甜的口味；等孫女喝習慣了之後，她再逐漸添加其他蔬果。蕭夫人還把富含胡蘿蔔素、茄紅素的番茄、紅蘿蔔、南瓜等蔬果煮熟打成濃漿，加在燕麥片裡，給蕭副總統當愛心早餐。

嬰幼兒
· 健康吃 ·

飲食對象
- 月齡4~6個月以上
- 體重為出生時的兩倍
- 厭奶一週以上

飲食原則
- 流質→半流質→半固體→固體
- 一次一種新食物，由少漸增，由稀漸濃
- 每一種新食物須觀察3~5日，確認是否有過敏問題，若無異狀，則可再更換別種食物

飲食順序
1. 蔬菜湯：只攝取水分，以補充蔬菜釋放至水中的礦物質（如高麗菜等）
2. 稀釋果汁：如蘋果純汁，對上一倍的水（柑橘類為過敏原，一歲以上才可食用）
3. 米糊：依照寶寶可吞嚥的濃稠度來調整水量（約1~2倍不等的水量）
4. 蔬果泥
5. 麥糊（少量，怕過敏）、吐司、麵線、牙餅：9個月以上再嘗試
6. 肉泥（先吃雞、豬、牛，海鮮有過敏風險）
7. 蛋（先吃蛋黃）、豆腐

建議一歲後再嘗試的食物（以防過敏）
- 蛋、魚、豆、帶殼海產
- 堅果、花生、可可
- 豌豆、番茄、芹菜
- 柑橘、蜂蜜

M E N U · 0 1

香蕉泥

哪個階段適用？／4~6個月以上

食材

▶ 香蕉 130g　▶ 冷開水 90cc

作法

▶ 將所有材料置入容杯，蓋緊杯蓋，
　打30秒即可完成。

成品約220cc

熱量	134.9 Kcal
脂肪	0.3g
蛋白質	2g
醣類	35g
膳食纖維	2.4g
鈉	6mg

· 營養即時通 ·

香蕉

特殊香氣會使幼兒愛不釋口，大量色胺酸有安穩情緒、幫助入眠的作用。對有便秘現象的嬰兒而言，香蕉泥也是潤腸通便的理想副食品。

菠菜泥

哪個階段適用？／4~6個月以上

食材

▶ 燙熟菠菜 200g ▶ 溫開水 100cc

作法

▶ 將所有材料置入容杯，蓋緊杯蓋，打30秒即可完成。

成品約300cc

熱量	36.5 Kcal
脂肪	1g
蛋白質	4.2g
醣類	4.4g
膳食纖維	4.8g
鈉	108mg

· 營養即時通 ·

菠菜

提供各種維生素和礦物質，可以保護眼睛（維生素A）、補血（鐵）、促進正常神經發育（葉酸）和通便（纖維），是嬰兒必吃食物。

MENU.03

莧菜銀魚糙米粥

哪個階段適用？／1歲以上

食材

▶ 燙熟白莧菜 160g ▶ 燙熟銀魚 30g

▶ 燙熟洋蔥 50g ▶ 糙米飯 半米杯

▶ 溫開水 120cc

作法

▶ 將所有材料置入容杯，蓋緊杯蓋，
打30秒，過程中使用攪拌棒協助調理。

成品約400cc

熱量	120.6 Kcal
脂肪	1.8g
蛋白質	8g
醣類	19.3g
膳食纖維	4.8g
鈉	123mg

· 營養即時通 ·

莧菜

與菠菜一樣含有鐵質，卻沒有草酸和植酸，因此不會干擾鐵和鈣的吸收。把莧菜和富
含鈣質的小銀魚擺在一起是非常適宜的搭配，加上糙米粥豐富的維生素B1可維持神經
傳導，幫助熱量代謝，可使嬰幼兒骨骼正常的發育成長。此外，莧菜還有豐富維生素A
（不輸地瓜葉），可幫助幼兒眼睛視紫形成，也可強化呼吸黏膜，增加抵抗力。

製作嬰兒食物的秘訣

■ 讓您的寶寶遠離病菌

▶製作食物前，先將手與烹調器具洗乾淨，因為嬰兒對病菌的抵抗力比幼兒或成人還要弱。

▶避免生食與熟食相互污染，這也是食物致病的原因。

▶嬰兒食物不要在室溫下放置超過2個小時，以避免細菌孳生。

▶使用微波爐加熱或解凍時要小心，在餵寶寶之前要徹底攪拌均勻，並用上唇測試溫度。

▶不要將稀釋的食物放在奶瓶中餵食，或與水、母奶或配方奶混合。這樣除了危險之外，也會導致寶寶不良飲食習慣的養成。

■ 注意食物儲存安全

▶新鮮的食物放在乾淨的容器中，可以在冰箱保存3天。

▶多的食物可以放在製冰盒中冷凍，然後放入密封的冷凍袋中保存1個月。

▶新鮮的食物要放在乾淨的碗盤中，沒有吃完的部分不應該再隔餐食用，因為唾液可能會污染食物並孳生細菌。

▶已經冷凍的食物解凍後不可二次冷凍，除非重新加熱過。（若是冷凍水果，煮過後再冷凍，或放在冷藏室72小時。）

▶利用製冰盒儲存食物，標準的製冰盒一格的容量大約是1.5 大匙、21公克，這可以幫助您計算寶寶的食量。另一個好處是，一次可以製備兩星期的份量，放在冷凍庫保存，每次拿出一份解凍，每天都可以自己創造新的菜單。例如，混合一格的紅蘿蔔、一格豆子、一格的馬鈴薯和一格雞肉，就可以做一餐燉雞肉給寶寶吃囉！

■ 給寶寶全食物

▶先從米片開始，比較不容易有過敏反應。接下來才讓寶寶試大麥、燕麥（非即溶），最後才是小麥。確定寶寶對每一種穀類都不會過敏後，可以將它們混合會更美味。建議食物種類越多越好，對健康有幫助的應該常吃，但不是一次吃很多。

M E N U . 0 4

甘薯紅蘿蔔泥

哪個階段適用？／1歲以上

食材

▶ 蒸熟地瓜 125g

▶ 蒸熟紅蘿蔔 25g

▶ 溫開水 90cc

作法

▶ 將所有材料置入容杯，
蓋緊杯蓋，打30秒即可完成。

成品約250cc

熱量	160.7 Kcal
脂肪	0.5g
蛋白質	1.5g
醣類	36.7g
膳食纖維	3.7g
鈉	75mg

· 營養即時通 ·

地瓜、紅蘿蔔

地瓜鬆軟易入口，甜味引發寶寶食欲，膳食纖維整腸健胃，可避免便秘發生。紅蘿蔔能
提供大量維生素A，因此對寶寶視力發展有所助益。

豌豆洋蔥豆腐泥

哪個階段適用？／1歲以上

食材

▶ 燙熟豌豆仁 60g

▶ 燙熟洋蔥 60g

▶ 燙熟豆腐 200g

作法

▶ 將所有材料置入容杯，蓋緊杯蓋，
   打30秒，過程中使用攪拌棒協助調理。

成品約320cc

熱量	220.8 Kcal
脂肪	5.9g
蛋白質	17.7g
醣類	25.4g
膳食纖維	7.7g
鈉	67mg

· 營養即時通 ·

甜豌豆仁、洋蔥、豆腐

甜豌豆仁含有豐富的維生素B2與菸鹼酸，可幫助能量正常代謝；洋蔥內的硫化基成分可
幫助維生素B1的吸收，增進血液循環；加上豆腐的蛋白質與鈣質，是一道營養均衡的嬰
幼兒副食品。

〔結語〕

改變，就有希望！

不管是希望保持健康、或是渴望重新康復，
得到健康的秘訣一點兒也不神秘：
就是做好生活與飲食的「自我照顧」。
請相信自己、更相信改變的力量，
改變，就從每天一杯「全食物精力湯」開始！

最近身邊朋友罹癌的數字不斷增加，而且都正當壯年，有些甚至非常年輕。他們外在的病苦和內心的憂懼讓人看在眼裡，使得「每十三分鐘有一個人罹癌」不再是冰冷的數字，而是真實的苦難。

癌症病人最常問的一個問題就是：「為什麼是我？」

這個問題，其實是許多悲觀情緒的加總，也隱藏著極為強大的負面能量，包括：對病苦的不能接受，認為自己是受害者、埋怨老天不公平、擔心各種治療的副作用和自己與家人的未來等。這種悲觀情緒和負面能量會更加降低身體的免疫力，加重病情。

其實轉念一想，「為什麼不是我？」疾病其實是身體為了自救所做的提醒，是你走向康復的起點，給你改變加諸身體各種超額負擔的機會。它唯一的目標是使你的身心靈更加完整，所以應該感恩有這個提醒與機會，不管這機會有多渺小，因為奇蹟常常發生，只要改變就有希望。

如果身體情況惡化是種結果，那麼原因已經證實為：長時間忽略照顧自己身體的真正需要。這當中含括對生活方式、運動、睡眠、情緒、壓力，以及特別是飲食的疏忽。這些疏忽，造成今日癌症人口節節高升，也導致其他重慢性疾病，例如：心臟病、腦血管疾病、糖尿病、高血壓等疾病，總在國人十大死因榜上有名。而事實上，這些疾病卻是醫師與科學家口中最普遍、最棘手、也最難治療的人類問題。

　　不管是希望保持健康、或是渴望重新康復，得到健康的秘訣一點兒也不神秘：就是做好生活與飲食的「自我照顧」！

　　自我照顧是最棒的靈丹妙藥！再高妙的醫術、再厲害的藥、再精準的儀器，如果缺乏自我照顧的努力，效果都將大打折扣；另外，自我照顧也是最便宜、最容易上手的方式；更重要的是，自我照顧讓人從被動的依賴者，重新從病魔手中拿回人生的主動權！

我決心終身成為推動身心健康的義工，幫助更多癌友分享自我照顧的秘訣，透過彼此的鼓勵和學習，讓所有朋友都更有信心，對追求健康產生持續的動力與動機。

　　將近二十年前的一場人生意外，我與失去健康的先生，不願意被癌症擊倒。面對這場生命硬仗，我們體認到：想改變現況，必須先自我改變，於是我們毅然決然選擇開啟自我照顧的奇妙旅程！這些年下來，我先生拿回人生的主動權，致力服務人群；我個人身心健康、不再是藥罐子；兩個在爸爸罹癌開刀後出生的孩子健康活潑，更添家庭的美滿與幸福。我也因此深深體驗「祝福，有時候會以災難的型態出現」的因緣，決心終身成為推動身心健康的義工。

　　現階段的人生，我決定鼓勵更多人投入生活與飲食自我照顧的行列，因為這是我與家人一生做過最美好的決定。出任「癌症關懷基金會董事

長」，推動「全食物運動」，就是希望藉由這個平台與更多人分享自我照顧的秘訣，特別是健康飲食的方法，更希望透過彼此鼓勵與學習，讓參與的朋友更有信心、並且產生持續的動力與動機。

　　做什麼決定，就能擁有什麼人生。別再為「為什麼是我？」「會不會是我？」而擔心，請相信自己、更相信改變的力量！改變，就從每天一杯「全食物精力湯」開始，我的幸福人生美妙旅程，就是這麼展開的！

身體文化⑯

每天清除癌細胞——陳月卿全食物養生法

作　者一陳月卿
主　　編一郭玢玢
責任編輯一賴郁婷、賴佳筠
攝　影一陳柏寧
攝影協力一林靜儀
食譜製作協力一王欣瑜、張雅雲
美術設計一比比司
執行企畫一艾青荷
校　　對一陳月卿、郭玢玢、賴郁婷
董　事　長
總　經　理一趙政岷
總　編　輯一余宜芳
出　版　者一時報文化出版企業股份有限公司
　　　　　　10803台北市和平西路3段240號4樓
　　　　　　發行專線一(02)2306-6842
　　　　　　讀者服務專線一0800-231-705・(02)2304-7103
　　　　　　讀者服務傳真一(02)2304-6858
　　　　　　郵撥一19344724時報文化出版公司
　　　　　　信箱一台北郵政79～99信箱
時報悅讀網一http://www.readingtimes.com.tw
電子郵件信箱一ctliving@readingtimes.com.tw
法律顧問一理律法律事務所　陳長文律師、李念祖律師
印　　刷一華展印刷有限公司
初版一刷一2010年10月15日
初版四十刷一2014年12月8日
定　　價一新台幣400元

國家圖書館出版品預行編目資料

每天清除癌細胞／陳月卿著. -- 初版. --
臺北市：時報文化，2010.10
　面；　公分 -- （身體文化：96）

ISBN　978-957-13-5286-2（平裝）

1.食療　2.養生　3.果菜汁

418.915　　　　　　　　　　99018756

ISBN　978-957-13-5286-2
Printed in Taiwan

陳月卿的秘密武器
—— Vitamix TNC全營養調理機

利用Vitamix TNC全營養調理機將各種食材打成全食物精力湯，集豐富完整全營養於一杯、又有飽足感，讓忙碌的你也可以吃得健康又時尚！

為了打精力湯，我試過各式各樣的機器，可是沒一部讓我完全滿意，直到我用了美國營養學家奎林博士推薦的Vitamix TNC全營養調理機，才讓我如獲至寶。

原本著眼於營養，哪知一試之下發現：「精力湯變好喝了！」從此，一向忍耐著喝精力湯的老公，終於不用皺眉、捏鼻就可以喝完500c.c.的精力湯。到現在，當初買的Vitamix TNC全營養調理機已經「服役」超過十五年，它還能運轉，但是因為新機型有不少改良，尤其最新材質的容杯經檢驗證實完全不含雙酚A，所以忍不住又「敗」了一台。而美味又營養的全食物精力湯，始終是我們早餐的最愛，也是我們精力的泉源。

這部調理機也是目前為止，唯一有人體實驗數據的。美國營養專家史必樂博士，在2003年發表研究指出，飲用它所打出來的番茄汁，比直接吃下一顆蕃茄或喝下一杯用普通榨汁機所榨的蕃茄汁，更能讓人多吸收3倍以上的茄紅素。而秘密就在它的整體設計能擊碎植物細胞壁釋放所有營養。

除了營養、美味、耐用，這部機器的容易清洗和多功能也深獲我心。特別是它中間的調速鈕，可以按數字大小控制轉數，用來切碎或攪拌食材非常好用。我還用它打醬、做冰淇淋、磨豆漿、做各種糕點……，都輕而易舉，省時省力。

有了好的工具、熟悉各種不同食物的風味和營養，你也可以大顯身手，做出色澤迷人、滋味萬千的全食物料理，讓「大長今」換人做做看。

編號：CS0096	書名：**每天清除癌細胞**
姓名：	別：＿＿＿＿ 1.男　　2.女
出生日期：　　年　　月　　日	連絡電話：

＿＿＿＿　學歷：1.小學　2.國中　3.高中　4.大專　5.研究所（含以上）

＿＿＿＿　職業：1.學生　2.公務（含軍警）　3.家管　4.服務　5.金融

　　　　　　　　6.製造　7.資訊　8.大眾傳播　9.自由業　10.農漁牧

　　　　　　　11.退休 12.其他

通訊地址：□□□＿＿＿＿＿＿縣(市)＿＿＿＿＿＿鄉鎮區＿＿＿＿＿村＿＿＿＿＿里

＿＿＿＿＿鄰　　＿＿＿＿＿路(街)　＿＿段　＿＿巷　＿＿弄　＿＿號　＿＿樓

E-mail address：＿＿＿＿＿＿＿＿＿＿＿＿＿＿＿＿＿＿＿＿＿

（下列資料請以數字填在每題前之空格處）

＿＿＿＿　購書地點
　　　　　1.書店　2.書展　3.書報攤　4.郵購　5.網路　6.直銷　7.贈閱　8.其他

＿＿＿＿　您從哪裡得知本書
　　　　　1.書店　　2.報紙廣告　　3.報紙專欄　　4.雜誌廣告　　5.網路資訊
　　　　　6.親友介紹　　7.DM廣告傳單　　8.其他＿＿＿＿＿

＿＿＿＿　您希望我們為您出版哪一類的作品
　　　　　1.疾病醫療　2.生活保健　3.養生方法　4.健身塑身　5.食物與營養
　　　　　6.美容保養　7.心理衛生　8.醫病關係　9.其他＿＿＿＿＿

＿＿＿＿　您對本書的意見
＿＿＿＿　內容　　　1.滿意　　2.尚可　　3.應改進
＿＿＿＿　編輯　　　1.滿意　　2.尚可　　3.應改進
＿＿＿＿　封面設計 1.滿意　　2.尚可　　3.應改進
＿＿＿＿　校對　　　1.滿意　　2.尚可　　3.應改進
＿＿＿＿　定價　　　1.偏低　　2.適中　　3.偏高

Culture of Health Culture of Health Culture of Health Culture of Health

Culture of Health Culture of Health Culture of Health Culture of Health

Culture of Health Culture of Health Culture of Health Culture of Health

Culture of Health Culture of Health Culture of Health Culture of Health

Culture of Health Culture of Health Culture of Health Culture of Health

Culture of Health

身體文化

全方位身心靈的觀照

Culture of Health Culture of Health Culture of Health Culture of Health

寄回本卡，您將可獲贈身體文化的最新出版訊息。

● 參加不定期舉辦的各項回饋優惠活動。

● 隨時收到最新訊息。

請您回函後寄回本卡（免貼郵票）即可以——

郵撥：19344724 時報文化出版公司

讀者服務傳真：(02)2304-6858

讀者服務專線：0800-231-705・(02)2304-7103

地址：10803台北市和平西路三段240號3樓

CHINA TIMES PUBLISHING COMPANY
時報文化出版

免貼郵票

台北郵政第2218號
北區郵政管理局登記證

廣告回信